RÉINCARNATION
ET
FOI CHRÉTIENNE

Jean-Luc Hétu

RÉINCARNATION
ET
FOI CHRÉTIENNE

Une réflexion sur le sérieux de l'aventure humaine

éditions du Méridien

Illustration de la couverture: Marcel Gagnon

Conception graphique: Les productions Algraph

ISBN 2-920417-94-0

Dépôt légal 3e trimestre 1984 — Bibliothèque nationale du Québec

Imprimé au Canada

«En matière d'au-delà, il est impossible ou extrêmement difficile de savoir la vérité dans la vie présente; néanmoins, ce serait faire preuve d'une extrême mollesse de ne pas soumettre ce qu'on dit à une critique détaillée et de lâcher prise avant de s'être fatigué à considérer la question dans tous les sens.»

PLATON

«Il y a trois étapes dans la révélation de toute vérité:
on commence par s'en moquer,
ensuite on lui résiste,
puis on finit par la trouver évidente.»

SCHOPENHAUER

«La vérité doit être cherchée... par une libre recherche, avec l'aide du magistère, c'est-à-dire de l'enseignement, de l'échange et du dialogue par lesquels les uns exposent aux autres la vérité qu'ils ont trouvée ou pensent avoir trouvée, afin de s'aider mutuellement dans la quête de la vérité...»

VATICAN II

«Ô abîme de la richesse, de la sagesse et de la science de Dieu! Que ses décrets sont insondables et ses voies incompréhensibles!»

PAUL L'APÔTRE

Introduction

Une étude faite en 1981 par un sociologue albertain révélait que la majorité des Canadiens et des Canadiennes disent ne pas savoir ce qui leur arrivera après la mort. Et la moitié de cette majorité appartenait soit à l'Église catholique, soit à l'Église anglicane, soit à l'Église unie.[1]

En Angleterre, un sondage national effectué en 1970 révélait que dans l'ensemble de la population, la réincarnation était l'explication la plus courante par rapport à ce qui arrive après la mort: 16% des répondants s'attendaient à être réincarnés, alors que 14 % s'attendaient à aller au ciel. (50 % disaient que la mort est une fin absolue, et 20 % ne précisaient pas leur croyance.) Chez les 16-34 ans, la croyance en la réincarnation était presque deux fois plus répandue que la croyance au ciel, soit 22 % contre 12 %, respectivement.[2]

Compte tenu du fait que le Canada et l'Angleterre sont des pays traditionnellement et majoritairement chrétiens, nous sommes amenés à faire l'hypothèse que chez les chrétiens d'aujourd'hui, la représentation traditionnelle de l'au-delà s'est considérablement obscurcie, alors qu'inversement, la croyance en la réincarnation s'est prodigieusement répandue.

Cette croyance en la réincarnation donne lieu à beaucoup de fantaisie. Si l'on faisait un sondage, on s'apercevrait que de nombreux adeptes de la réincarnation prétendent avoir été Cléopâtre, Charlemagne ou Napoléon. En mettant les choses au mieux, tous se trompent sauf trois, étant donné que Cléopâtre, Charlemagne ou Napoléon ne peuvent se réincarner que dans un individu à la fois.

Dans un monde dur où on ne gagne pas tous les jours à la loterie, on rêve comme on peut, et croire à la réincarnation ne coûte rien. Aujourd'hui je ne suis rien et je n'y peux rien, mais j'ai été quelqu'un un jour, et je serai de nouveau quelqu'un un jour, quand ce sera mon tour. En plus de ces allures fantaisistes et fatalistes, certains adeptes se livrent à la pensée magique la plus pure: Unetelle est handicapée parce qu'elle s'est moquée des handicapés dans une autre vie, Untel est pauvre parce qu'il a joui égoïstement de sa fortune dans sa vie antérieure, etc.

Mais la croyance en la réincarnation se retrouve aussi dans des formes plus sobres et plus raffinées, tout comme les croyances chrétiennes qui peuvent être aussi bien superstitieuses et simplistes qu'intériorisées et respectueuses de la complexité du réel. Quelques-uns découvrent la réincarnation et en parlent avec le même zèle que certains chrétiens charismatiques en mettent à parler du salut en Jésus. Mais à côté d'eux, beaucoup de croyants et de croyantes tranquilles ont intégré discrètement les perspectives réincarnationnistes à leurs croyances chrétiennes de base.

Ces personnes continuent de partager les intuitions centrales de la foi chrétienne, tout en relativisant d'autres concepts comme l'infaillibilité ou l'autorité absolue du pape, la nécessité d'une institution forte et d'une pratique religieuse fréquente, la croyance à l'enfer...

Fait à signaler, on n'est pas en présence ici d'un changement formel de religion, d'un abandon du christianisme au profit de l'hindouisme, du bouddhisme ou des sciences ésotériques. Il semblerait qu'on assiste plutôt à un phénomène d'approfondissement et de distanciation critique par lequel certaines croyances sont abandonnées, d'autres reformulées, d'autres encore maintenues au coeur de la représentation religieuse du réel par le croyant.

Il appartient bien sûr aux théologiens professionels d'étudier de plus près ce phénomène et de l'interpréter à partir de leurs différents présupposés. Certains d'entre eux y verront une hérésie qui ronge la foi chrétienne de l'intérieur. D'autres parleront de syncrétisme, c'est-à-dire d'un mélange de croyances issues de systèmes religieux différents. D'autres encore — moins nombreux ceux-là — reconnaîtront dans la pensée réincarnationniste une façon légitime de sentir et de vivre l'expérience chrétienne de base.

Au moment où j'écris ces lignes, je dois avouer que c'est cette troisième option qui me sourit le plus. Je pense que l'époque où on écrivait des livres pour dénoncer des hérésies est révolue. Quant au syncrétisme, si j'avais à en dénoncer certaines formes, ce ne serait pas celle-là. Je commencerais plutôt par ceux qui entendent servir à la fois Dieu et l'argent. Des humains vont à la messe et gravissent le lendemain une montagne pour célébrer le Dieu-soleil: on parle de syncrétisme. D'autres humains vont à la messe et montent le lendemain au sommet d'une tour pour sacrifier des emplois et la sécurité des travailleurs au Dieu-argent: peu de partisans de l'orthodoxie y trouvent de quoi s'inquiéter.

D'ailleurs, l'argument du syncrétisme est plus difficile à manier qu'il n'y paraît à prime abord. S'il faut éviter de partager les croyances de ceux qui nous entourent, alors le christianisme lui-même est en mauvaise posture, lui qui s'est mis à croire *après* beaucoup d'autres religions qui l'entouraient à un Dieu s'incarnant, souffrant, s'immolant en sacrifice et ressuscitant par la suite pour le salut du monde.

Je suis donc plus sensible à la troisième hypothèse, selon laquelle la perspective réincarnationniste serait compatible avec la conception chrétienne de l'aventure humaine. Si je suis porté à penser ainsi, c'est que je crois qu'on y gagne peu à dresser les credos les uns contre les autres et à accroître ses différences, au lieu d'explorer et si possible d'étendre ce qu'on peut avoir en commun avec ceux qui apparaissent à première vue différents de soi.

Ceci dit, je dois encore parler d'hypothèse et utiliser le conditionnel («la perspective réincarnationniste *serait* compatible...»), car seule une exploration sereine de quelques-uns des enjeux en cause permettra de se faire une première idée de la compatibilité ou de l'incompatibilité entre réincarnation et foi chrétienne. Avant d'amorcer cette exploration, j'aimerais aligner brièvement quelques-unes des raisons de l'attrait exercé par la réincarnation sur beaucoup d'esprits chrétiens.

QUATRE RAISONS DE L'ATTRAIT DE LA RÉINCARNATION

1. La croyance en la réincarnation veut qu'on se réincarne successivement dans une série d'existences lors desquelles on franchit un certain nombre d'étapes dans son évolution spirituelle. Alors que dans le scénario chrétien traditionnel, le jugement qui suit la mort est final et sans appel, on se trouve plutôt ici en présence d'un système d'évaluation continue, avec possibilité d'une autre chance, d'une reprise. Les réincarnationnistes disent: alors que le système de deuxième chance ou de reprise s'applique dans pratiquement tous les processus d'évaluation du monde, Dieu serait-il plus dur que les évaluateurs humains?

2. La perspective réincarnationniste permet une synthèse harmonieuse entre la justice de Dieu et sa miséricorde. La justice consiste à ce que tous *doivent* faire le même apprentissage des différentes dimensions de leur potentiel, et que ce qui n'a pas été assumé dans une existence devra l'être dans une autre. Quant à la miséricorde, elle consiste dans le fait que ce qui n'a pas été réussi dans une étape, *pourra* l'être dans une autre, de sorte qu'il y aura finalement autant d'arrivants qu'il y avait de partants, étant donné qu'«on ne veut pas, chez votre Père qui est aux cieux, qu'un seul de ces petits se perde» *(Matthieu* 18, 14).

Cette synthèse justice-miséricorde semble plus satisfaisante que l'approche conventionnelle où Dieu cesse d'être juste quand il fait miséricorde (par exemple dans la parabole des ouvriers de la onzième heure — *Matthieu* 20, 1-16 — ou dans celle du fils prodigue — *Luc* 15, 11-32) et où il cesse d'être miséricordieux quand il fait justice («Allez loin de moi, maudits, au feu éternel...» — *Matthieu* 25, 41).

3. La réincarnation promet à long terme le triomphe définitif et universel du bien sur le mal. Ce triomphe ne doit pas s'effectuer toutefois en séparant les bons des mauvais, mais il s'effectuera à l'échelle de chaque être, sous forme de victoire de la sagesse et de la compassion sur l'inconscience et l'égoïsme. Cette perspective correspond au projet de Dieu tel qu'il est présenté dans la *Lettre aux Éphésiens,* à savoir: «ramener toutes choses sous un seul chef, le Christ» (1, 10).

En effet, étant donné que «tout 'a été créé par le Christ et pour le Christ» (*Colossiens* 1, 16), si toute créature ne parvenait pas un jour à sa pleine maturité spirituelle, ou du moins si toute créature ne progressait pas continuellement dans cette voie, cela signifierait que Dieu aurait échoué dans son projet de «ramener toutes choses sous un seul chef». C'est dans ce sens que l'apôtre Paul exprime aux chrétiens de Philippe sa conviction que «Celui qui a commencé en vous cette oeuvre excellente en poursuivra l'accomplissement jusqu'au Jour du Christ» (*Philippiens* 1, 6).

L'«oeuvre» dont il est question ici correspond au fait de vivre selon les valeurs évangéliques. Comme le dit ailleurs Paul, «il s'agit d'être une créature nouvelle» (*Galates* 5, 15). En élargissant quelque peu les perspectives, on en arrive à l'idée que le projet de Dieu est de mener efficacement à son terme tout processus de maturation spirituelle entrepris par chacune de ses créatures, ce qui représente le point de vue des réincarnationnistes.

4. Les perspectives réincarnationnistes rejoignent la perception moderne de l'univers selon laquelle tout ce qui existe est le fruit d'une longue évolution. L'humanité a eu besoin de millions d'années pour sa croissance biologique. Pareillement, les humains résultant de cette longue crois-

sance biologique ont aussi besoin d'une longue période de temps pour assurer leur maturation morale et spirituelle.

Alors que les humains profitent dans leur héritage génétique des acquis de toute l'évolution biologique qui les a précédés, il semble aussi difficile aujourd'hui qu'il y a cinq mille ans d'apprendre la délicatesse, le partage, le pardon, comme si chaque humain *recevait* l'évolution biologique mais devait *assumer* l'évolution morale.

Si le projet de Dieu avait été d'éprouver les humains pour récompenser les gagnants et punir à jamais les perdants, il n'aurait eu besoin que d'une semaine et d'un jardin, comme nous le dit le récit de la *Genèse.* Pourquoi alors des milliards d'années, et pourquoi des systèmes galactiques à n'en plus finir? Pourquoi un tel luxe si l'essentiel ne devait se jouer pour les humains que pendant quelques années chacun?

C'est ainsi que les perspectives réincarnationnistes permettent de prendre autant au sérieux la maturation spirituelle des êtres que la théorie de l'évolution permet de prendre au sérieux leur maturation biologique, en voyant dans la planète Terre un «centre d'entraînement» pour les humains en marche.

Pour résumer le tout, disons que les personnes qui croient à la réincarnation en demeurant chrétiennes ont complètement abandonné la vision traditionnelle à l'effet que «celui qui ne croira pas sera condamné» (*Marc* 16, 16). Pour elles, ce qui plaît à Dieu, ce n'est pas que quelqu'un se fasse sensible à une prédication, reçoive le baptême et persévère quelques dizaines d'années dans la foi chrétienne. Ce qui lui plaît vraiment, c'est de voir son enfant se rapprocher courageusement de lui, devenant davantage à son image en progressant spirituellement au fil de ses nombreuses expériences humaines. Ces croyants ont délaissé une approche verticale qui «sauve» la personne sans même qu'elle s'en aperçoive et qui l'arrache au bout de quelques années à un pèlerinage à peine amorcé, pour une approche horizontale où le mystère de Dieu est pressenti à travers les

longs processus d'apprentissages et de maturation spirituels patiemment menés à terme les uns à la suite des
autres.

LA PEUR DE LA RÉINCARNATION

Ceci dit, la question de la réincarnation demeure complexe, parce qu'elle est à la fois fascinante et bousculante,
mais qu'une idée soit fascinante ne prouve pas qu'elle soit
vraie. Et inversement, qu'une idée fasse peur ne prouve pas
qu'elle soit fausse. On est bien sûr porté à estimer vraies les
croyances qui nous fascinent ou nous rassurent, et fausses
celles qui nous troublent, mais c'est une autre histoire.

Une femme à qui je confiais récemment mon projet
d'écrire un volume sur la réincarnation me dit sur un ton
réprobateur: «Vous allez mêler le monde.» Je compris tout
de suite: «Vous allez *me* mêler.» Mais en y pensant bien, on
n'est jamais mêlé par ce que l'on perçoit clairement comme
une fausseté.

Si quelqu'un me dit qu'il a vu dans mon jardin un
melon d'eau rose dont les yeux clignotent et qui fait bip-bip,
je ne serai pas porté à aller vérifier la chose.

C'est lorsqu'on perçoit une part de vérité dans ce
qu'on croit être une erreur qu'on en devient effectivement
mêlé. Si bien que ce que cette femme me disait vraiment
était plutôt ceci: «Je sais très bien qu'il y a quelque part
dans la croyance en la réincarnation une part de vérité,
mais je préfère me tenir loin d'une vérité qui me fait peur.»

Pourquoi cette peur? Pourquoi ma propre résistance
face à cette même croyance, telle que je l'évoque à l'endos
du présent volume? Notre résistance à explorer sereinement l'hypothèse de la réincarnation et notre résistance à
prendre au sérieux les différents défis de l'aventure
humaine s'alimentent au moins partiellement à la même
source. Et cette source, c'est tout simplement la peur de
vivre, la peur de s'ouvrir aux énigmes et aux absurdités ap-
parentes du réel, et donc la tendance à utiliser nos

croyances religieuses pour nous protéger de ces énigmes et de ces absurdités.

Les croyances religieuses ne sont pas nécessairement fausses parce qu'elles sont consolantes. Mais plus une croyance est consolante et plus on mettra du temps à découvrir qu'elle est fausse ou sans fondement, le cas échéant. C'est pourquoi le présent volume se propose de regarder de près plusieurs croyances chrétiennes «consolantes», telles la rédemption, la résurrection des corps, le ciel... Comme par hasard, ces croyances sont justement celles qui sont le plus spontanément utilisées pour esquiver l'hypothèse de la réincarnation. Il faudra donc examiner de près ce phénomène.

Nous tirerons ensuite de l'oubli la croyance au purgatoire, que nous comparerons à la croyance à la réincarnation, pour nous apercevoir que celles-ci présentent des ressemblances frappantes entre elles. C'est donc autant aux croyances chrétiennes comme telles qu'à la croyance à la réincarnation que nous nous intéresserons dans notre exploration, avant d'examiner dans les derniers chapitres si ces croyances sont compatibles ou non entre elles.

Mais voyons d'abord en quoi consiste la croyance à la réincarnation, ce qui fera l'objet des deux premiers chapitres.

---

1. Il s'agit des recherches faites par le sociologue Réginald Bibby, de Lethbridge University, et qui sont rapportées dans un article de Patty Juthner, de la Presse canadienne, reproduit dans *La Presse* du 2 mai 1982, à la page B. 3.
2. Chiffres rapportés par Lee, P., Reincarnation and the Christian Tradition, dans *The Modern Churchman,* vol. 23, no 2, 1980, p. 103.

CHAPITRE 1

L'essentiel de la croyance

L'essentiel de la croyance en la réincarnation est d'une part que l'on revient poursuivre ce qu'on a commencé, et d'autre part que la poursuite de son cheminement est affectée par la façon dont on a vécu antérieurement. L'histoire suivante illustre cette représentation de l'aventure humaine.

Un garçonnet se rend à l'école pour la première fois et le maître lui dit: «Je te donne deux leçons à apprendre: tu ne te battras point et tu ne voleras pas.» À travers les différentes activités pédagogiques de la journée, l'enfant apprit à ne pas se battre, mais il lui arriva à quelques reprises de prendre des choses qui ne lui appartenaient pas. C'est pourquoi le maître lui demanda de revenir le lendemain.

Le lendemain, le maître lui dit: «Aujourd'hui, tu as deux leçons à apprendre: tu ne voleras pas, et tu ne te laisseras pas séduire par les biens matériels.» Au fil des diverses expériences pédagogiques de la journée, l'enfant apprit à ne pas voler, mais il convoitait différents objets qu'il voyait dans l'école. C'est pourquoi le maître lui demanda de revenir le lendemain.

Le jour suivant, le maître l'accueillit en lui disant: «Il y a deux choses au programme pour toi aujourd'hui: tu ne te laisseras pas séduire par les biens matériels, et tu paieras de ta personne quand tu verras autrui subir une injustice.» Ce jour-là, l'enfant comprit que les différents appareils de l'école étaient à la disposition de tous et qu'il pouvait les utiliser sans avoir à les posséder en propre. Mais il vit quelques compagnons subir des injustices et il n'intervint pas, ce qui amena le maître à lui donner rendez-vous pour le lendemain...[1]

Pour compléter, il faudrait ajouter que les apprentissages de la journée sont influencés par la façon dont ceux de la veille ont été réalisés. Par exemple, si le sujet s'est beaucoup laissé aller à voler, il aura plus de difficulté à apprendre à résister à la fascination des biens matériels; s'il a été très centré sur ses possessions matérielles, la sensibilisation à l'injustice sera chez lui plus laborieuse, etc.

En résumé, notre éducation morale et spirituelle est un long processus, et nos actes nous suivent d'une étape à l'autre de ce processus. Illustrons graphiquement cette façon de voir, en représentant quelques-unes des principales dimensions du potentiel humain.

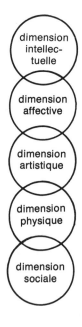

Figure 1: *La vie humaine comme ensemble de dimensions à développer.*

Imaginons que ce schéma représente un sujet qui serait arrivé au soir de sa vie. Cette personne aurait réalisé un certain développement de son affectivité et de ses dons artistiques tout en laissant complètement en friche son potentiel intellectuel, et elle aurait acquis de mauvaises habitudes aux plans physique (mauvaise alimentation, par exemple) et social (par exemple, tendance à dominer ou manipuler les autres).

Dans la logique de la réincarnation, la vie suivante de cette personne viendrait se situer dans le prolongement exact de sa vie précédente, ce qui donnerait la figure suivante, dans l'hypothèse où la personne passerait de sa septième à sa huitième existence (ignorons pour l'instant ce qui concerne le passage de la huitième à la neuvième vie).

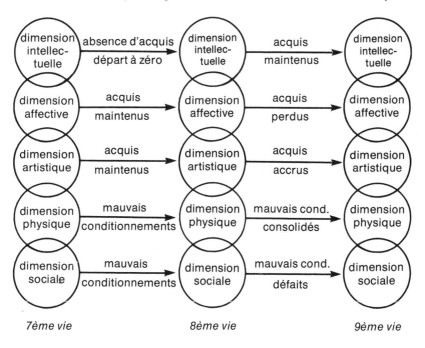

Figure 2: *La vie suivante comme prolongement de la vie précédente.*

Pour simplifier l'exemple, nous avons dit que cette personne n'aurait réalisé aucun développement de son potentiel intellectuel dans son existence précédente. Elle devrait donc partir à zéro sur ce plan dans son existence suivante. Aux niveaux artistique et affectif, le sujet a connu un certain développement qui lui permet de maintenir ses acquis, et donc d'entreprendre ses prochains apprentissages dans ces domaines avec des dispositions favorables au départ. Au plan artistique, cette personne aura dès son enfance le sens de l'harmonie des couleurs ou le sens du rythme, tandis qu'au plan affectif, elle pourra être proche de ses émotions et portée à exprimer spontanément ce qu'elle ressent.

Par ailleurs, on a dit que cette personne avait contracté des mauvaises habitudes au plan de son alimentation et dans sa façon d'entrer en relations avec les autres. Encore ici, il y aura des suites, le sujet ayant de la difficulté soit à apprendre à bien se nourrir, soit à apprendre à ne pas trop manger, et apparaissant «spontanément» porté à manipuler les gens ou à les dominer pour qu'ils agissent selon ses vues.

Les tâches existentielles de cette personne consitent donc à défaire ce qui a été mal fait, à commencer ce qui n'a pas été commencé, et à mener plus loin ce qui a été bien amorcé. La figure donne également un exemple de ce qui pourrait se passer entre la huitième et la neuvième vie, où l'on observe notamment une régression au plan affectif, le sujet faisant des choix ayant pour effet de le ramener en arrière à ce niveau.

Tel qu'il est présenté, le schéma demeure très sommaire, et chacune des dimensions représentées pourrait être décomposée en une multitude de «sous-apprentissages» qui doivent être assumés, de découvertes qui doivent être faites et de frontières qui doivent être reculées. C'est ainsi que la croyance en la réincarnation répond à ce sentiment d'être dépassé par la multitude des apprentissages à faire. Les paroles de la chanson suivante, de Pierre Delanoé et Michel Fugain, rendent bien ce sentiment:

> Même en courant
> Plus vite que le vent, plus vite que le temps
> Même en volant
> Je n'aurai pas le temps, pas le temps
> De visiter toute l'immensité d'un si grand univers
> Même en chantant
> Je n'aurai pas le temps de tout faire
> J'ouvre tout grand mon coeur
> J'aime de tous mes yeux
> C'est trop peu
> Pour tant de coeurs et tant de fleurs
> Des milliers de jours
> C'est bien trop court, c'est bien trop court
> Et pour aimer
> Comme l'on doit aimer quand on aime vraiment
> Même en cent ans
> Je n'aurai pas le temps, pas le temps.

Le désir d'actualiser au maximum son potentiel humain est peut-être davantage caractéristique de la sensibilité moderne et se retrouve de fait beaucoup plus explicité dans les écrits réincarnationnistes remontant tout au plus à une centaine d'années. Ces écrits modernes émanent des cercles dits théosophiques, où l'on tente de faire la synthèse entre l'hindouisme et le bouddhisme d'une part, et le christianisme et la science moderne d'autre part.

Si l'on remonte dans l'Antiquité, les courants philosophiques et religieux qui ont été le berceau de la pensée réincarnationniste se préoccupaient peut-être davantage de la question de l'immortalité de l'âme et de l'au-delà. Ces préoccupations sont d'ailleurs très clairement présentes dans les croyances en la réincarnation entretenues aux quatre coins du monde.

EN AMÉRIQUE

Dans le sud-est de l'Alaska, les Indiens Tinglit croient que l'âme d'un défunt se réincarne dans l'un de ses descendants. Si une femme enceinte rêve fréquemment à un parent défunt, elle est portée à croire que celui-ci renaîtra dans son enfant. Chez les Inuit, on rapporte la coutume selon laquelle un vieillard demande à un couple de jeunes mariés s'il peut devenir leur premier-né, et dans l'affirmative, il se retire du camp pour se donner la mort de sorte que son âme puisse passer dans la famille choisie.

Plusieurs tribus indiennes de l'Amérique du Nord croyaient à la réincarnation. Dans une tribu de la Colombie britannique, le sorcier souffle l'âme du défunt sur l'un de ses proches, ce qui a pour effet escompté de faire renaître le défunt dans le premier-né de cette personne.

Les Hurons avaient coutume d'enterrer leurs enfants décédés en bordure des chemins, de sorte que leurs âmes puissent entrer dans les femmes qui passaient près de là et soient ainsi réincarnées lors du prochain accouchement de ces femmes. Dans un même ordre d'idées, des femmes algonquines qui désiraient un enfant se rassemblaient parfois auprès d'un mourant ou d'un tombeau dans l'espoir de donner naissance à l'esprit de cette personne.

Certains Indiens prétendaient connaître parfaitement leurs incarnations antérieures, mais les Lenape du Delaware et du New Jersey étaient d'avis que ce privilège était réservé à ceux qui avaient le coeur pur.

EN AFRIQUE ET DANS LA MER DE CHINE

Dans le nord du Nigeria, on croit que les âmes des morts flottent près de leur maison dans les branches des arbres, attendant l'occasion d'entrer dans le sein d'une femme. Les membres d'une autre tribu africaine, les Bagongo, croient que lorsque le corps se dissout à la mort, l'âme se dirige vers Dieu au centre de la terre, mais que peu de temps après, elle demande à revenir sur terre et intègre un foetus sur le point de naître.

De l'autre côté du Pacifique, dans l'île d'Okinawa, les anciens habitants de l'île avaient la théologie de la réincarnation la plus raffinée de ce coin du globe. Selon eux, les esprits humains quittent leur corps à la mort, et après un séjour de sept générations dans l'au-delà, se réincarnent dans un individu ressemblant de près au corps qu'ils ont quitté, alors que certains esprits demeurent dans l'au-delà pour accueillir les nouveaux venus.

EN IRAN, EN INDE ET EN GRÈCE

Zarathoustra, un maître perse qui vécut autour du sixième siècle avant notre ère, enseignait que les âmes sont immortelles, descendent du ciel pour vivre un cheminement humain durant une succession de vies, et retournent ensuite à leur point d'origine.

On estime que l'hindouisme remonte au deuxième millénaire avant notre ère, mais ce n'est qu'au tournant des septième et sixième siècles que la croyance en la réincarnation aurait vu le jour dans cette tradition religieuse. Derrière l'existence présente se trouverait un être absolu, éternel et immuable, de qui les âmes humaines émanent et vers qui elles retourneront après de nombreuses existences.

Les intervalles entre les vies peuvent durer des millénaires, pendant lesquels l'âme peut à la fois être aidée et venir en aide à d'autres, et peut également être punie ou récompensée. Le karma, c'est-à-dire la conséquence de ses actions, peut être partiellement expié durant cet intervalle, le reste devant être expié durant les incarnations suivantes. Par ailleurs, c'est seulement au cours de ces incarnations terrestres que l'âme peut exercer librement sa responsabilité pour pousser plus loin le développement qui la mènera vers la libération du cycle des renaissances dans la parfaite conscience de soi.

On peut faire ici un rapprochement avec les croyances catholiques relatives au purgatoire selon lesquelles c'est seulement sur terre que l'âme peut mériter, le séjour au purgatoire lui permettant d'expier les conséquences de ses fautes passées mais non pas de poursuivre son développement spirituel. Nous reviendrons plus loin sur cette question.

Issu de la tradition hindoue, le bouddhisme s'en détache essentiellement par le fait qu'alors que l'âme constitue une entité distincte dans l'hindouisme, elle n'est ici que pure apparence. Qui plus est, c'est cette illusion d'être «quelqu'un» qui engendre la chaîne de réincarnations. À la mort, c'est un «faisceau de dispositions» qui subsiste, et la renaissance peut s'effectuer sur différents plans, soit sur la terre, soit dans le monde des esprits, soit au ciel, dans le monde des dieux.[2]

Quant au Bouddha lui-même, il a voulu se réincarner à tous les niveaux d'existence, au long de centaines de vies qu'il avait toutes en mémoire. C'est ainsi que pour un bouddhiste convaincu, il n'y a pas une parcelle de terre qui n'ait pas été sanctifiée par Bouddha lors de l'une ou l'autre de ses existences. Au terme de ces réincarnations, le pèlerin débouche sur le nirvana, qui n'est pas le néant, mais un état béatifique de vérité totale et de parfait dégagement par rapport aux passions.

Au moment même où les croyances en la réincarnation voyaient le jour dans les religions orientales, certains philosophes grecs exprimaient les mêmes croyances en Occident. Pour Platon, qui vécut aux quatrième et troisième siècles avant notre ère, l'âme se réincarne avec le bagage de connaissances qu'elle a acquises dans ses existences antérieures. La personne sensuelle se réincarne plus rapidement, étant plus attirée par le monde matériel, et dans des conditions moins intéressantes, alors que la personne vertueuse améliore sa condition, ainsi qu'il en va dans le système de castes des hindous.

Après un séjour au royaume de l'Être, les âmes revigorées désirent éprouver leurs forces de nouveau, approfondir leurs connaissances de l'univers, et retrouver des anciens amis avec lesquels elles ont cheminé jadis. On leur permet de choisir, bien que ce choix soit en même temps déterminé par le niveau de sagesse (ou de folie!) qu'elles ont atteint à ce moment. Ici non plus, le cycle des renaissances n'est pas infini, et l'âme qui a expérimenté toute la connaissance sera un jour définitivement introduite dans le royaume de l'Être.

Plus près de nous, on retrouve l'Ordre des Rose-Croix, qui fut fondé au début du siècle mais dont les adeptes affirment qu'il plonge ses racines dans le moyen-âge. Cet ordre vénère Jésus, qui est devenu Christ en parvenant à la perfection de la conscience et dont l'âme est alors montée au ciel pour être intégrée à la divinité.

Dans le courant théosophique, on croit que la série d'incarnations commence dans l'ordre des minerais pour progresser par la suite dans les ordres végétal, animal, humain et divin, chaque entité devant assumer pour elle-même ce long processus évolutif. Pour une entité donnée, ce mouvement peut connaître ses lenteurs et ses piétinements, selon les choix posés par cette entité, mais on ne peut toutefois pas régresser dans un ordre antérieur. Contrairement à ce que pensait Platon, les théosophes sont d'avis qu'un humain ne pourrait pas se réincarner dans un animal.

LE CHOIX DE L'INCARNATION

Les différentes incarnations peuvent se produire dans différentes planètes du cosmos, lesquelles se situent à des degrés variés d'évolution spirituelle. Dans l'intervalle entre deux incarnations, une entité voyage dans des sphères supérieures, ce qui lui permet des prises de conscience sur le réel et peut l'inspirer dans le choix de son incarnation suivante, qui doit se faire dans le milieu le plus propice aux défis de sa croissance proportionnés à son degré d'évolution.

Un auteur écrit ainsi : « Je peux être très avancé, et faire un choix qui serait pourtant discutable selon les critères humains conventionnels (comme par exemple d'être le fils ou la fille infirme d'un paysan analphabète), ce choix étant indiqué pour le type particulier d'avancement spirituel que je dois réaliser. Ou je peux être très peu avancé et réussir quand même à choisir le sein d'une princesse privilégiée, parce que c'est ce dont j'ai besoin à ce stade-ci de mon développement. » [3]

On voit donc ce qu'il y aurait de fautif dans le fait de conclure tout simplement qu'une personne heureuse présentement est récompensée pour ses mérites passés, alors qu'une personne malheureuse serait punie pour ses fautes passées. Les théosophes sont par ailleurs d'avis que le choix de l'incarnation se fait aussi en fonction de la dette karmique à payer, et nous reviendrons sur cette question au chapitre suivant.

Ajoutons que le choix du milieu de son incarnation ne se fait pas seulement en fonction des occasions de développement et du paiement de la dette karmique. Il arrive en effet que des entités plus évoluées s'incarnent dans des environnements moins évolués, afin de pouvoir servir de guides ou de prophètes dans ces milieux et à ces époques.

Lors des différentes incarnations, certains acquis antérieurs peuvent « dormir », de manière à faciliter le développement d'autres dimensions du potentiel de l'entité. D'une façon plus générale, c'est l'ensemble de la mémoire des incarnations antérieures qui se trouve inhibée, de manière à ce que l'entité se trouve désencombrée pour aborder ses nouveaux apprentissages dans des conditions favorables. C'est pourquoi Platon dit qu'avant de revenir sur terre, l'âme doit boire à la fontaine de l'Oubli. [4]

Tentons de préciser en terminant la nature de «ce» qui se réincarne. Il semble que pour rendre ce que les réincarnationnistes ont en tête, le terme «entité» soit préférable à celui d'«âme», parce qu'il est plus vague, alors que le concept d'âme renvoie spontanément dans la philosophie chrétienne au corps unique qu'elle anime ou dont elle est la «forme».

L'«entité» n'est pas associée à un corps précis, et elle n'est pas non plus pour les théosophes une substance autonome ou un phénomène cernable comme celui auquel renvoie par exemple le concept psychologique de personnalité. On peut parler en effet de personnalité chaleureuse et ouverte, de personnalité secrète et défensive, de personnalité dogmatique, etc., mais ce qui se réincarne, ce n'est pas la personnalité, mais le résultat ou la contribution de ces nombreuses personnalités successives.

Au terme de la longue chaîne d'incarnations, on peut penser que le résultat de ces innombrables enrichissements successifs culminera dans une entité qui se présentera comme une personnalité stable, dotée d'une pleine conscience et d'une parfaite sagesse et appelée à la béatitude totale dans le nirvana.

Ce phénomène pourrait poser un problème, car si les entités sont égales au point de départ, disons à l'état de minerai, et qu'elles sont toutes appelées à la perfection totale après avoir franchi toutes les étapes de leur actualisation, ne doit-on pas s'attendre alors à retrouver des entités parfaitement identiques au terme de ce processus? Dans l'affirmative, cela n'irait-il pas justement contre la loi de l'évolution comprise comme un processus de différenciation progressive?

En dépit de cette interrogation, on peut conclure ce chapitre en disant que l'objectif que les réincarnationnistes chechent à atteindre peut être conçu soit en termes d'épanouissement total de leur potentiel, d'évolution vers la parfaite sagesse, ou de réalisation plénière de leur vocation cosmique.

1. Je m'inspire directement ici de BENSON, B., dans The Century Magazine, mai 1894, cité par ATKINSON, W., *Reincarnation and the Law of Karma*, Chicago, Advanced Thought Publishing Co., 1908, pp. 242-244.
2. Pour une présentation plus nuancée de ces questions complexes, voir GROU, C., Réincarnation et pensée chrétienne, dans *Nouveau Dialogue*, No 42, novembre 1981, pp. 16-20.
3. MACGREGOR, G., *Reincarnation as a Christian Hope*, Totowa, New Jersey, Barnes & Noble Books, 1982, p. 35.
4. Pour ce bref panorama des croyances en la réincarnation, j'ai suivi ici CHRISTIE-MURRAY, D., *Reincarnation: Ancient Beliefs and Modern Evidence*, London, David and Charles, 1981.

CHAPITRE 2

Nos actes nous suivent

Le concept de karma est au coeur même de l'hindouisme et du bouddhisme, et au coeur de la pensée réincarnationniste en général. Le mot même signifie *action*; par extension, il évoque le phénomène action-réaction, autrement dit les *résultats* de l'action. Parler de karma, en positif ou en négatif, c'est parler d'une situation résultant d'une longue suite d'actions posées par un individu (karma individuel) ou un groupe (karma collectif).

On pourrait résumer la doctrine du karma en disant que «les actes sont les déterminants effectifs des étapes ultérieures de chaque aventure personnelle», et qu'«à travers une période de latence et de maturation, ils projettent des fruits proportionnés en qualité, intensité et amplitude à leur propre qualité et gravité».[1]

Parler de karma, c'est affirmer fondamentalement que nos actes nous suivent, que nous sommes les auteurs de notre histoire personnelle, ce qui correspond au dicton suivant, formulé en termes occidentaux: «Sème une pensée et tu récoltes un acte, sème un acte et tu récoltes une habitude, sème une habitude et tu récoltes un caractère, sème un caractère et tu récoltes un destin.»[2]

Dans un contexte occidental, ce dicton se limite à évoquer une dynamique psychologique globale, en affirmant que nos actes répétés ont un *certain* effet sur ce que nous devenons. Mais dans le contexte de la réincarnation, ce certain effet devient un effet certain, précis et inévitable, le monde moral étant semblable au monde physique où «rien ne se perd et rien ne se crée».

Confrontés au fait que les actes vertueux ne sont pas toujours récompensés et que les actes mauvais ne sont pas toujours punis durant l'existence présente, les hindous et les bouddhistes en sont venus à penser en termes d'existences successives durant lesquelles on récolte ce qu'on a semé.

LA PÉDAGOGIE DU KARMA

Par ailleurs, pour être inévitable, la loi du karma n'est pas pour autant mécanique, aveugle ou implacable. Les choses viennent en leur temps, et c'est au moment où le sujet s'en trouve capable qu'il se retrouve confronté aux conséquences de ses actions antérieures. Il y a ainsi quelque chose d'essentiellement pédagogique dans la loi du karma, qui ne vise pas à punir le sujet mais à l'amener à restaurer l'équilibre rompu par son agir inconsidéré ou inadéquat.

On voit comment cette caractéristique du karma présente des affinités avec le concept chrétien de providence, selon lequel Dieu est réputé ajuster les événements en fonction de la faiblesse de ses créatures à propos desquelles Paul nous dit que «Dieu collabore en tout pour leur bien» (*Romains* 8, 28). Une auteure écrit ainsi: «On pourrait se représenter le karma comme un processus de perfectionnement, ou peut-être qu'un terme plus descriptif serait la volonté divine invincible de perfection éternellement agissante.»[3] Nous reviendrons plus loin sur cette question.

Étroitement uni au concept de karma, on trouve aussi le concept de dharma, qui désigne le devoir ou ce qui est attendu du sujet. Chacun doit donc correspondre à ce qui est attendu de lui dans la situation précise où il se trouve. Alors que le karma serait l'ensemble des conditionnements résultant du passé, le dharma représente les défis à relever dans la situation présente, au sein de ces conditionnements.

Soulignons en passant que le karma représente un conditionnement et non un déterminisme, contrairement à ce que certaines formulations laissent parfois entendre. Le sujet naît et grandit dans un environnement familial et social déterminé, mais il n'y a là aucun déterminisme au sens philosophique du terme, c'est-à-dire un conditionnement si fort qu'il éliminerait la liberté de ce sujet et l'empêcherait de correspondre à son dharma en relevant de nouveaux défis. Il en résulterait alors une situation analogue à l'enfer chrétien, où le sujet totalement privé de sa liberté ne peut être que puni pour ses fautes passées.

SOUFFRANCE ET PÉCHÉ

La doctrine du karma affirme qu'on doit défaire laborieusement et apprendre à refaire ce qui a été mal fait dans le passé. Mais cette doctrine ne permet en aucune façon de relier nécessairement toute souffrance actuelle à une faute passée. Il serait ainsi excessif de relier telle maladie, tel handicap, telle situation de pauvreté, telle souffrance morale, etc. à des fautes passées. Cette tendance est fort répandue, et on en trouve de nombreuses illustrations dans la Bible. Par exemple, tout le *Libre de Job* constitue un rejet absolu de cette tendance, représentée par les opposants de Job, que l'on retrouve également dans un passage de l'*Évangile de Jean:* «Maître, qui a péché pour qu'il soit né aveugle, lui ou ses parents?» (*Jean* 9, 2).

À la limite, c'est le concept même d'un karma rétributif qui est remis en question, c'est-à-dire d'une souffrance qui serait infligée *à cause* des fautes passées. Le karma, c'est le retour du balancier, l'harmonie qui se reconstitue après avoir été rompue, mais non pas Dieu qui se venge. Dans ces perspectives, «les gens ne sont pas punis *pour* leurs péchés, mais *par* eux, et le *péché* est simplement vu comme une *erreur* et non comme un crime». À ce moment, «la souffrance ne survient pas comme la punition pour quelque chose qui a été mal fait, mais comme un avertissement de ne *pas toucher*...»[4]

L'image du balancier peut nous aider à saisir le fonctionnement du karma. Ce qui met le balancier en marche, c'est une action mauvaise, laquelle entraîne une rupture d'harmonie et appelle donc en réaction le retour du balancier. Mais ce peut être également une action bonne en soi, mais entreprise dans une dynamique de satisfaction personnelle. Le bouddhisme enseigne que l'on finit toujours par obtenir ce que l'on désire, quitte à se réincarner pour y parvenir. C'est dans ce sens qu'on ne peut atteindre le nirvana, c'est-à-dire la béatitude totale, que lorsqu'on a renoncé à tout désir, lequel met nécessairement le balancier en branle, ce qui déclenche le karma.

LE DÉSIR COMME CONVOITISE

Pour désamorcer la chaîne des incarnations, il s'agit d'une part de terminer les choses non finies, c'est-à-dire de défaire et de refaire les choses mal faites ou de mener à terme les apprentissages négligés ou laissés en plan, et d'autre part se garder de déclencher un nouveau karma en succombant à de nouveaux désirs.

Vaincre le désir ne signifie pas nécessairement devenir un ascète et fuir le monde, mais cela signifie exorciser progressivement la fascination des possessions matérielles et des plaisirs sensibles, de même que la fascination du pouvoir et de tout ce qui peut nous donner l'impression (l'illusion!) d'augmenter notre valeur personnelle. Il résulte de ceci non pas un être désarticulé, vidé de toute énergie et de toute motivation, mais un être affranchi des idoles, y compris de celle de son propre moi, et qui dispose conséquemment de toute son énergie pour agir désormais d'une façon d'autant plus féconde que désintéressée.

Dépasser le désir, c'est donc quitter une dynamique d'enrichissement personnel pour entrer dans une dynamique de consentement à l'être. C'est ici que l'on retrouve le concept de dharma, qui est l'appel à agir selon l'ordre des choses, sans autre raison que parce qu'il est «correct» d'agir ainsi. Imaginons à titre d'exemple que l'on voie quelqu'un perdre son porte-monnaie. Il arrive que dans une telle situation, on se précipite sur le porte-monnaie et que l'on coure le remettre à son propriétaire, sans penser à rien. Celui-ci peut être tellement heureux qu'il veuille nous remercier en nous tendant un billet de banque. Or, si l'on se trouve vraiment dans une dynamique désintéressée, notre réaction instinctive sera de refuser cette récompense, que l'on trouvera spontanément insolite et injustifiée. On trouve normal d'avoir agi comme on l'a fait, et pour nous l'affaire est close.

Les réincarnationnistes diront: effectivement, l'affaire est close, elle ne demande aucune suite et ne déclenchera conséquemment aucun karma, ni dans cette existence-ci ni dans une autre, contrairement à ce qui se passerait si l'on dérobait le porte-monnaie, si l'on gardait rancune à son propriétaire de ne pas nous avoir récompensé, ou si l'on allait se vanter d'avoir été honnête!

La roue des réincarnations cesse de tourner lorsque la roue des désirs a également cessé de tourner, non plus lors de quelques anecdotes isolées dans notre vie, mais dans toutes et chacune de nos actions, dans quelque domaine de notre vie que l'on se place.

Ceci permet de comprendre que la réincarnation n'est pas nécessairement liée à des fautes passées qu'il s'agirait de réparer ou à des blocages passés qu'il s'agirait de défaire, mais qu'elle est bien souvent tout simplement requise pour le long processus de décentrement de soi par lequel on en arrive à se dégager de toute convoitise et de tout amour-propre.

Un observateur des phénomènes religieux en Inde fait remarquer dans ce sens que la visée de fond de l'hindouisme n'est vraiment prise au sérieux que par une petite minorité de fidèles, la majorité des gens n'aspirant qu'à améliorer leur sort immédiat dans une incarnation future. [5] Ce phénomène rappelle une observation analogue de Jésus à l'effet que «le chemin qui mène à la vie est resserré, et que peu le trouvent» (*Matthieu* 7, 14). Encore récemment, j'entendais «une bonne chrétienne» me dire, après m'avoir expliqué qu'elle faisait la charité: «Je me prépare une bonne place au ciel.» Plutôt que de viser ce que les chrétiens appellent «l'abandon total à la volonté de Dieu» (ce qui est synonyme de détachement), on retrouve ici le même désir d'améliorer son sort dans l'avenir.

LE DÉPASSEMENT DU DÉSIR

Le fameux poème de l'auteur anglais Rudyard Kipling, intitulé *If*, nous fournit une excellente illustration de ce que les bouddhistes entendent par le dépassement de tout désir. En voici quelques strophes :

> « Si tu peux voir détruit l'ouvrage de ta vie
> Et sans dire un seul mot, te mettre à rebâtir,
> Ou perdre en un seul coup le gain de cent parties
> Sans un geste et sans un soupir ; (...)
>
> Si tu peux rester digne en étant populaire,
> Si tu peux rester peuple en conseillant des rois,
> Et si tu peux aimer tous tes amis en frères
> Sans qu'aucun d'eux ne soit tout pour toi ; (...)
>
> Si tu peux rencontrer triomphe après défaite
> Et recevoir ces deux menteurs d'un même front,
> Si tu sais conserver ton courage et ta tête
> Quand tous les autres les perdront,
>
> Alors les dieux, les rois, la chance et la victoire
> Seront à tout jamais tes esclaves soumis,
> Et ce qui vaut mieux que les rois et la gloire :
> Tu seras un homme, mon fils ! »[6]

Au contact de ce poème, la plupart d'entre nous se diront : « C'est ainsi que je *voudrais* être. » Quelques autres, moins nombreux, se diront : « C'est ainsi que je *devrais* être. » Quant à ceux qui sont réincarnationnistes, ils se diront : « C'est ce que *j'ai à devenir* un jour. »

SALUT INDIVIDUEL ET SALUT COLLECTIF

Examinons maintenant la polarité salut in-dividuel — salut collectif. On pourrait penser que le salut visé par les réincarnationnistes se limite à leur libération individuelle et que les autres ne sont là que comme des «instruments» pour leur apprendre à dépasser un fonctionnement intéressé et atteindre ainsi leur perfection. Il n'en est pas ainsi et c'est même le contraire qui se produit. Dans le bouddhisme notamment, l'acquisition de la sagesse (c'est-à-dire le dégagement de soi) est intimement liée à la compassion, qui rend le sujet sensible aux besoins d'autrui.

La compassion, c'est la «sagesse appliquée», et inversement, une compassion qui ne serait pas sage ne saurait être que sentimentalisme face à la souffrance d'autrui, ou encore zèle inutile. Mais la compassion n'est pas seulement au terme. Dans la pensée réincarnationniste, c'est dès le départ que tous les êtres se trouvent tellement liés les uns aux autres que lorsque quelqu'un avance, c'est toute l'humanité qu'il fait avancer avec lui, alors que lorsqu'il recule ou qu'il piétine sur place, c'est toute l'humanité qu'il retient en arrière.

Comme le dit le bon larron au mauvais larron dans l'Évangile, il est normal que quelqu'un ait à réparer ses erreurs passées: «Pour nous, c'est juste: nous recevons ce que nos actes ont mérité ...» (Luc 23, 41). Le membre ne fait alors que réparer la blessure qu'il a infligée à tout le corps. Mais lorsqu'un membre juste souffre par fidélité à ce qu'il est et qu'il avance ainsi spirituellement, c'est tout le corps qu'il fait ainsi avancer. La solidarité profonde de tous les êtres aussi bien dans le bien que dans le mal a pour effet de rendre proportionnellement rédemptrice toute souffrance et toute avancée du juste. Inversement, c'est tout le corps qui est atteint par une souffrance injuste.

On retrouve probablement la même idée chez les chrétiens lorsque Jésus affirme qu'il ressent tellement sa solidarité avec le reste de l'humanité qu'il se sent atteint à chaque fois qu'un verre d'eau est refusé à quelqu'un qui a soif (Matthieu 25, 40 et 45).

Au début du siècle, une des figures de pointe du courant réincarnationniste moderne parlait ainsi de cette interpénétration du réel comme d'une quatrième dimension à ajouter aux dimensions de surface, d'espace et de temps [7], et la vogue actuelle de la théorie des systèmes de même que le concept d'éco-système nous rendent davantage sensibles à la pertinence de cette interdépendance des êtres que l'hindouisme et le bouddhisme, et après eux le christianisme, affirment depuis longtemps.

Conscience de l'interdépendance des êtres, respect pour la vie, compassion face à autrui, voilà des valeurs centrales pour le courant réincarnationniste issu de l'hindouisme et du bouddhisme. Mais en même temps, ces valeurs ne sont pas représentées comme engagement dans l'histoire, comme effort pour bâtir la cité humaine, contrairement à ce qui arrive en Occident. Il s'agit en fait beaucoup moins de bâtir le Royaume de Dieu, comme diraient certains chrétiens, que de résister à la fascination de s'installer à demeure dans le monde présent et d'oublier par le fait même notre état de voyageurs.

LE VOYAGE DANS L'HISTOIRE

Sur ce point, les perspectives bibliques sont loin d'être étrangères à ce qu'on trouve dans les grandes religions orientales. Certains théologiens utilisent volontiers l'argument de l'engagement chrétien dans l'histoire pour repousser les perspectives réincarnationnistes, qui seraient pour eux fuite du monde et refus d'habiter sans complexe la cité humaine. Cet argument est d'un usage délicat, d'une part parce que dans le christianisme, le corps humain est conçu comme ce qui permet d'être présent et de s'engager dans l'histoire humaine. Or, en se représentant le cheminement des êtres dans une succession de corps, la pensée réincarnationniste multiplie en fait les occasions d'intervenir dans l'histoire plutôt que de les éliminer.

Mais plus délicat encore est l'argument de ces théologiens selon lequel le chrétien doit habiter sans arrière-pensée la cité humaine, à la différence des hindous et des bouddhistes. Car s'il est vrai que l'on retrouve au coeur de la Bible l'invitation constante à dénoncer l'oppression et à chercher la justice, ce combat n'en demeure pas moins celui de voyageurs et de voyageuses.

Un peu comme le Bon Samaritain qui intervient pour secourir une victime mais qui en même temps ne perd pas de vue le fait que lui-même «était en voyage» (*Luc* 10, 29-37), le *Nouveau Testament* rappelle fréquemment que «nous n'avons pas ici-bas de cité permanente, mais que nous recherchons celle de l'avenir» (*Hébreux* 13, 14). Dans ce sens, les ancêtres dans la foi n'ont jamais perdu de vue le fait «qu'ils étaient étrangers et voyageurs sur la terre» et «qu'ils aspiraient à une patrie meilleure, c'est-à-dire céleste» (*Hébreux,* 11, 13-16).

Puisque «pour nous, notre cité se trouve dans les cieux» (*Philippiens* 3, 20), il faut que les pèlerins «usent de ce monde comme s'ils n'en usaient pas véritablement», c'est-à-dire avec le détachement typique de la spiritualité orientale... et de la spiritualité chrétienne, et tout cela, «car elle passe, la figure de ce monde», tout ne pouvant qu'être provisoire pour celle ou celui qui est vraiment en marche (*I Corinthiens* 7, 31).

Il y a quelque chose de surprenant de prime abord pour la sensibilité chrétienne dans l'affirmation hindoue selon laquelle «le monde est le gymnase de l'âme, son école, son camp d'entraînement», que ce que l'on fait trouve sa valeur ultime dans la progression spirituelle qui est ainsi engendrée pour soi et pour autrui, et «que l'on se fait illusion si l'on s'attend à effectuer des changements fondamentaux dans le monde».[8] Mais il n'est pas sûr que cette façon de voir soit aussi éloignée de la pensée chrétienne qu'il peut sembler de prime abord.

Le chrétien croit parfois que «toute la création jusqu'à ce jour gémit en travail d'enfantement» (*Romains* 8, 22) et qu'il doit intervenir pour faciliter ce processus en contribuant par exemple à l'enfantement de technologies douces, de vaccins et de remèdes contre toutes les maladies connues, de chartes et de commissions des droits humains efficaces à 100 %, de méthodes d'alphabétisation et d'éducation populaire centrées sur les vrais besoins des gens, etc. Mais le jour où, comme le dit Paul, nous nous retrouverons tous dans des «corps spirituels» (*I Corintiens* 15, 44), c'est-à-dire des corps non matériels, où devra-t-on laisser technologies douces, vaccins, chartes et manuels, ...sinon dans le gymnase!

Nous reviendrons plus bas sur cette question, dans le chapitre consacré à *La résurrection des corps.* Nous avons déjà commencé à confronter la pensée réincarnationniste à la pensée chrétienne, et nous continuerons cette démarche dans le prochain chapitre.

1. LACOMBE, O., Le brahmanisme, dans l'*Encyclopédie française,* Tome XIX, Philosophie et religion, Paris, Larousse, 1957, p. 19. 52-10.
2. Cité par SMITH, H., *The Religions of Man,* New York, Harper & Row, 1965 (c. 1958), p. 76.
3. HANSON, V., The other face of Karma, dans *Karma, The Universal Law of Harmony,* (HANSON V. et STEWART, R., Ed.), Wheaton, Illinois, The Theosophical Publishing House, 1981, p. 155.
4. ATKINSON, W., *Reincarnation and the Law of Karma*, Chicago, Advanced Thought Publishing Co., 1908, p. 246.
5. COUTURE, A., Cycle des renaissances et réincarnation, dans *Précis sur la réincarnation*, (en collaboration), Sainte-Foy, Éditions Albert Saint-Yves, 1980, pp. 28 et 34.
6. KIPLING, R., dans une anthologie intitulée *Poems of Yesterday and Today,* Toronto, Macmillan, 1938, pp. 12-13, traduit par André Maurois et reproduit dans BOULIZON, G. et J., *Poésies choisies pour les jeunes,* Montréal, Beauchemin, 1955, p. 276.
7. BLAVATSKY, H., *The Key to Theosophy*, London, The Theosophical Publishing House, 1968, citée par RUDHYAR, D., The transmutation of Karma into Dharma, dans *Karma, The Universal...,* p. 47.
8. SMITH, H., *The Religions...,* p. 81.

CHAPITRE 3

Bouc émissaire et agneau pascal

Certains chrétiens estiment que la réincarnation est incompatible avec la foi chrétienne parce que celle-ci proclame le pardon des péchés alors que le réincarnationniste se croit nécessairement poursuivi par les conséquences de ses erreurs et de ses fautes. À mesure que le réincarnationniste multiplie les erreurs et les fautes, il accumule le karma qu'il devra expier un jour. Mais pour le chrétien, il en va autrement, puisque l'«agneau de Dieu enlève le péché du monde» (*Jean* 1, 29).

Le commentaire de la *Traduction oecuménique de la Bible* précise bien que «cette formule au singulier vise l'ensemble des péchés du monde dans toute leur étendue et toutes leurs implications». Si toutes les implications de mes fautes sont enlevées, il devient par conséquent absurde de parler de karma et de réparation, et je n'ai plus qu'à accueillir le salut de Jésus «mort pour nos péchés» (*I Corinthiens* 15, 3).

Pour Paul, l'humain est effectivement sauvé dans la mesure où il croit que Jésus le sauve: «Si, de ta bouche, tu confesses que Jésus est Seigneur et si, dans ton coeur, tu crois que Dieu l'a ressuscité des morts, tu seras sauvé.» (*Romains,* 10, 9).

À partir du moment où je me situe dans ces perspectives, la plus grande menace qui pourra peser sur mon salut, ce sera les doutes qui pourront me venir sur l'impact réel du cheminement de Jésus sur mon histoire personnelle. Se pourrait-il que Jésus n'ait pas effectivement enlevé «toutes les implications de mes fautes»? Se pourrait-il que Jésus n'ait pas ce pouvoir, ce qui me laisserait finalement avec mes problèmes?

Mais non! Puisque Dieu l'a ressuscité, se dit-on, cela prouve qu'il avait effectivement ce pouvoir. La résurrection de Jésus me prouve que tout est vrai, que mes péchés sont effectivement enlevés, «abolis par son propre sacrifice» (*Hébreux* 9, 26). C'est ainsi que la croyance en la résurrection de Jésus devient la clé de voûte de tout le système, à tel point que mettre en doute la résurrection de Jésus, c'est risquer de faire s'écrouler tout l'échafaudage: «Si le Christ n'est pas ressuscité, votre foi est illusoire, vous êtes encore dans vos péchés.» (*I Corinthiens* 15, 17).

L'ANCÊTRE DE L'AGNEAU PASCAL

Examinons de plus près les phénomènes psychologiques à l'oeuvre ici. L'ancêtre de l'agneau pascal, c'est le bouc émissaire, sur lequel nous projetons toutes nos difficultés et que nous rendons responsable de tous nos malheurs, de sorte que sa disparition survient pour notre plus grand soulagement. Si mon cours n'est pas intéressant, c'est parce qu'il y en a quelques-uns dans la classe (toujours les mêmes!) qui ne suivent pas; si tout va mal dans l'économie, c'est parce que les immigrants (encore eux!) nous volent nos emplois, etc.

Mais avant d'être vulgarisé par la psychologie moderne comme un mécanisme de défense contre notre propre responsabilité, et donc contre notre anxiété, le bouc émissaire était dans l'*Ancien Testament* un rituel bien attesté: «Aaron impose les deux mains sur la tête du bouc vivant; il confesse sur lui toutes les fautes des fils d'Israël et toutes leurs révoltes, c'est-à-dire tous leurs péchés, et il les met sur la tête du bouc; puis il l'envoie au désert sous la conduite d'un homme tout prêt. Le bouc emporte sur lui toutes leurs fautes vers une terre stérile.» (*Lévitique* 16, 21-22).

N'ayant plus à faire face à leurs conflits, à leurs erreurs, à leurs échecs et à leur culpabilité, les Hébreux se sentaient alors réconciliés avec eux-mêmes et avec Yahvé par ce rite annuel, un peu comme les catholiques pouvaient se sentir jadis après avoir «fait leurs Pâques».

Psychologiquement, on s'aperçoit que l'importance des mécanismes de défense augmente proportionnellement avec l'anxiété du sujet. Plus celui-ci est anxieux, plus il s'accroche à ses mécanismes de défense et moins il est capable de les identifier à l'oeuvre sous ses croyances et ses pratiques sociales et religieuses.

Or, l'anxiété est essentiellement provoquée par des conflits personnels non réglés, par des blessures non guéries, par des apprentissages que le sujet s'avère incapable de faire. Et parallèlement, l'anxiété chronique en vient à s'accompagner de culpabilité, le sujet se sentant infériorisé à ses propres yeux par autant d'incapacité personnelle, et sentant que les autres le rejettent eux aussi à cause de tant de faiblesse. Le cercle vicieux est dès lors en place, l'anxiété générant de la culpabilité et la culpabilité augmentant l'anxiété.

ANXIÉTÉ ET FOI CHRÉTIENNE

C'est ici que certaines croyances religieuses vont pouvoir apporter un véritable salut à la personne présentant une telle dynamique. Et ceci, d'autant plus que le salut chrétien se présente en deux étapes, la première (mort expiatrice et résurrection de Jésus) étant efficace en principe et inefficace dans les faits (le sujet risquant de se sentir toujours aussi miné par son anxiété et sa culpabilité) mais la seconde étape (la résurrection finale) devant être efficace à la fois en principe et dans les faits.

Ceci permet de comprendre que le croyant anxieux présente une dynamique affective bien spéciale, qui est en fait un mélange de deux sentiments très différents. D'une part, le mécanisme du bouc émissaire permet d'évacuer une certaine quantité d'anxiété en amenant le sujet à se désapproprier de ses problèmes, qui sont «enlevés» par l'agneau pascal. Mes problèmes disparaissent sans moi, et ce n'est que normal, étant donné qu'ils étaient de toute façon apparus sans moi, c'est-à-dire à cause de la faute originelle: «Vois, mauvais je suis né, pécheur ma mère m'a conçu.» (*Psaume* 51, 7). Le commentateur de la *Bible de Jérusalem* commente: «Cette impureté foncière est ici alléguée comme une circonstance atténuante.»

Le phénomène de projection ou de désappropriation joue donc dans les deux directions: j'ai des problèmes mais ce n'est pas tout à fait ma faute, étant donné le péché originel, et je veux bien essayer de les régler mais ce n'est pas tout à fait nécessaire, étant donné que Jésus me les a enlevés.

Cette formulation est grossie à la limite, de manière à dégager le mécanisme susceptible de jouer inconsciemment. Aucun chrétien ne se reconnaîtrait dans une telle caricature, et mon propos n'est aucunement de réduire la signification religieuse des croyances chrétiennes à ce type de fonctionnement défensif. Mais il serait par contre téméraire de nier que les croyances relatives au sang qui enlève les péchés puissent se prêter à de telles utilisations défensives. Cela équivaudrait à dire qu'il peut y avoir des hindous, des musulmans ou des athées anxieux, mais qu'il n'y a pas de chrétiens anxieux.

Mais on sait très bien qu'il existe des chrétiens anxieux et on sait par ailleurs qu'une des façons les plus fréquentes de se défendre contre son anxiété est de projeter sa responsabilité sur quelqu'un d'autre en lui demandant de régler nos problèmes à notre place. À partir de ce moment, il devient inévitable que *certains* chrétiens soient portés à utiliser les croyances chrétiennes d'une façon défensive. Mais ce recours n'est que partiellement efficace, l'anxiété se trouvant déplacée plutôt qu'évacuée. Alors que le croyant était auparavant anxieux à cause de ses conflits internes, il est désormais inquiet à propos des remises en question que l'on pourrait faire de ses croyances ou du moins de l'usage qu'il en fait.

Le croyant anxieux est toujours anxieux, mais il a effectué un gain notable, car l'ennemi est désormais à l'extérieur. Son problème n'est plus d'avoir des problèmes, mais c'est que des personnes mal intentionnées ou inconscientes attaquent *la* foi. Ce déplacement entraîne une amélioration significative de son sort, car il n'a plus à se remettre en question et il peut enfin «s'oublier lui-même» pour voler au secours de la vision chrétienne du monde, de l'essentiel de la foi ou de quelque autre objectif tout aussi noble.

C'est pourquoi je disais plus haut que le croyant anxieux présente une dynamique contradictoire, étant d'une part tout à fait sûr d'être sauvé (de ses problèmes), mais la permanence de ses problèmes l'amenant d'autre part à douter profondément qu'il en soit bien ainsi.

NOS ACTES EFFACÉS

Parmi les croyances chrétiennes, celles relatives à l'agneau pascal se prêtent admirablement bien au phénomène du bouc émissaire que nous venons d'évoquer. Voici un exemple d'une formulation traditionnelle de ces croyances, que les théologiens appelaient la théorie de la «satisfaction vicaire»: «Jésus-Christ a satisfait à Dieu son Père proprement et rigoureusement pour les péchés des hommes, en lui payant pour leur rachat un prix non seulement équivalent, mais encore surabondant, à savoir, le prix infini de son sang; (...) il est mort non seulement pour notre avantage, mais *au lieu de nous, à notre place,* en supportant une mort cruelle, au lieu du supplice éternel que nous méritions.»[1]

Ce texte a été écrit il y a plus d'un siècle, mais il se fonde sur le récit de l'institution de l'eucharistie, où l'on trouve les paroles suivantes sur la bouche de Jésus: «Ceci est mon sang, le sang de l'alliance, versé pour la multitude.» (*Marc* 14, 24), et la même interprétation de base est encore courante: «Jésus meurt en faveur de et à la place (pour) la foule des hommes...» (Commentaire de la *Traduction oecuménique de la Bible* à *Marc* 10, 45) et : «Ce sacrifice unique a effacé tous les péchés.»[2]

Nous verrons plus loin que la pensée réincarnationniste admet elle aussi la dimension rédemptrice de la souffrance, mais ceci est loin d'être le coeur de la pensée réincarnationniste, alors que le sacrifice rédempteur du Christ est venu depuis longtemps occuper le centre du christianisme. L'affirmation de fond de la pensée réincarnationniste est bien plutôt que nos actes nous suivent. Or, cette affirmation de fond ne peut faire autrement que d'entrer en contradiction directe avec le mécanisme de projection dans lequel le sujet vise essentiellement à nier la responsabilité de ses actes.

La rencontre de l'hindouisme et du bouddhisme d'une part et du christianisme de l'autre ne peut faire autrement que de susciter des échanges théologiques. Mais *antérieurement* aux enjeux théologiques, ce qui est mis en cause par la réincarnation, c'est d'abord et avant tout la tendance à reporter sur d'autres la responsabilité de ce qui nous arrive. Avant de défendre l'orthodoxie de la foi chrétienne, c'est souvent sa propre stabilité intérieure que le chrétien anxieux tente de sauvegarder lorsqu'il entreprend de discréditer la réincarnation.

Nous pourrions résumer ces développements en quelques propositions :

1. Plus un chrétien est anxieux, plus il est porté à utiliser la figure de Jésus comme bouc émissaire ou agneau pascal pour se couper de ses conflits, problèmes et questionnements.

2. Plus un chrétien est anxieux, plus il est porté à résister émotivement à la croyance en la réincarnation, qui le confronte à ses «affaires non terminées».

3. Étant donné que peu de chrétiens peuvent se vanter d'échapper au départ à toute anxiété dans quelque domaine de leur vie que ce soit, il s'ensuit que la

première étape du débat réincarnation-foi chrétienne se situe à un niveau nettement psychologique, que ceci soit reconnu ou non.

L'ANXIÉTÉ QUI MÈNE AU REJET

À cet égard, il est instructif d'examiner le sort que la très grande majorité des auteurs chrétiens réservent à la réincarnation. Il y a de quoi frémir à l'idée que les auteurs hindous ou bouddhistes puissent faire la même chose avec le christianisme, ce qui aurait pour effet de le discréditer presque à jamais.

La résistance de certains auteurs à la réincarnation est si forte qu'ils éprouvent le besoin de la discréditer dès le départ, après quoi ils ne font que s'acharner sur le cadavre. C'est ainsi qu'au début du livre qu'il consacre au sujet, Siwek affirme que la validité d'une croyance ne peut être plus forte que ce qu'on sait de son fondateur. Or, dit-il, on n'est même pas sûr que Bouddha ait existé, et de toute façon, il avait mauvais caractère! Cette imprécision de l'origine de la réincarnation «nous montre clairement qu'elle est une foi sans bases rationnelles, donc une foi aveugle au sens péjoratif du terme, en un mot qu'elle est une simple superstition».[3] Ayant ainsi clarifié les choses au départ, l'auteur peut ensuite comparer plus à son aise les mérites respectifs de la réincarnation et de la foi chrétienne...

Dans la même ligne, un autre auteur annonce ses couleurs dès le titre de son livre: *La réincarnation, rêve ou réalité?* Les premières pages du livre ont vite fait de nous renseigner sur la réincarnation: elle est une «propagande» utilisée pour manipuler les croyants: «La gnose («la plus grande ennemie de l'Église») ne croit absolument pas à la réincarnation mais, voulant en libérer les hommes, elle a besoin que les hommes y croient.»[4]

On trouve ailleurs d'autres indices de la profondeur de la résistance de cet auteur à la réincarnation, notamment lorsqu'il la compare à une maladie, «le virus herpès», laissant entendre que les croyants situés dans ces perspectives sont des malades qui s'ignorent...[5]

D'autres auteurs sont plus subtils et manifestent plus d'objectivité dans leur exploration de la question, mais le venin est souvent dans la queue, et c'est à la fin du volume que les vrais sentiments font surface, comme s'ils ne pouvaient pas contenir plus longtemps leur inconfort intérieur.

Après une exploration plutôt ouverte et nuancée de la croyance en la réincarnation, De Silva, un auteur chrétien, déclare tout à coup cette croyance incompatible avec la foi chrétienne, étant donné que pour celle-ci, «le progrès ne survient pas à travers la renaissance physique mais à travers la renaissance spirituelle».

Il y a ici une première déformation de la pensée réincarnationniste qui surprend de la part d'un auteur qui vient de consacrer un volume à la question. Je n'ai personnellement rencontré aucun réincarnationniste qui disait que le progrès survient à *travers* la renaissance physique. Dans la pensée réincarnationniste, la véritable progression est spirituelle, et la renaissance physique n'est qu'un moyen permettant d'assumer des renaissances, dépassements, conversions ou déblocages spirituels, selon les choix du sujet.

On sent donc ici un premier durcissement donnant lieu à une première déformation, laquelle déformation permet de mieux opposer réincarnation et foi chrétienne. Mais il y a plus. Ce durcissement intérieur mène à une déformation plus surprenante encore de la part d'un auteur qui publie son volume au coeur du monde hindou et du monde bouddhiste, c'est-à-dire au Sri Lanka: «Qu'est-ce qui est plus raisonnable: de penser que les gens retournent indéfiniment à leur point de départ, ou de penser que les gens progressent à partir du point qu'ils ont atteint?»

Si l'on se place à un plan cognitif, il est impensable que cet auteur ignore que la proposition centrale des réincarnationnistes est à l'effet que la réincarnation permet de pour-suivre la progression spirituelle à partir du point atteint dans la vie antérieure. Comment expliquer alors que celui-ci affirme dans un premier temps que le cycle des réincar-nations est indéfini («over and over again»), et qu'il affirme dans un second temps que la réincarnation abolit toute idée de progression spirituelle?[6]

Comment expliquer ces trois déformations succes-sives chez un auteur qui se prépare à conclure son «rap-prochement» réincarnation — foi chrétienne? Je ne vois personnellement qu'une hypothèse, qui nous ramène aux mécanismes de défense contre l'anxiété engendrée par les difficultés que nous avons à assumer notre existence. Cette hypothèse pourrait se formuler ainsi: Plus le sujet a l'im-pression de tourner en rond dans sa vie et plus il est porté à attendre le salut d'en haut.

ENCORE LE DÉSESPOIR VOILÉ

Voici dans ce sens un autre exemple d'un auteur qui se donne pour objectif de donner «un point de vue chrétien sur la réincarnation» et qui trahit en cours de route son vrai sentiment par rapport à l'aventure humaine. Après avoir ex-posé «le plus objectivement possible» la pensée réincar-nationniste, fait quelques rappels historiques et apporté quelques précisions sur les textes du *Nouveau Testament*, l'auteur livre son verdict sur la réincarnation: «aversion pour la chair et pour l'individualité, méfiance à l'égard de la nature, bref, pessimisme».

On peut comprendre implicitement que les croyances de l'auteur sont à l'inverse de celles-ci et que le christianisme professe une attitude positive à l'endroit de la chair et de l'individualité, une attitude de confiance à l'égard de la nature, bref, un optimisme de fond face à la vie humaine. Mais deux pages plus loin, l'auteur commet ce qui peut être interprété comme un lapsus révélant bien le fond de sa pensée et de son climat affectif. Réagissant au fait que les réincarnationnistes croient que ce qui a été mal fait sur la terre doit être défait et refait plus tard sur la terre, l'auteur s'exclame: «Revenir sur la terre pour se purifier: drôle de purification! Autant rincer du linge dans une eau d'égout.»[7]

Bien plus que des considérations théologiques ou scripturaires, voilà probablement ce qui est déterminant dans la réaction de cet auteur face à la réincarnation: l'existence humaine se déroule dans un égoût. Dessous la fine couche de l'optimisme chrétien officiel, on sent tout de suite un désespoir à peine voilé. À partir de là, le sujet ne peut que se défendre instinctivement, à l'aide de tous les arguments qui lui tombent sous la main, contre cette croyance qui ne peut qu'augmenter son désespoir en menaçant de le ramener dans l'«égout».

LE SALUT AU SECOURS DU DÉSESPOIR

Plus le sujet qui a l'impression de tourner en rond dans sa vie est porté à attendre le salut d'en haut, plus il sera réfractaire à la croyance en la réincarnation, qui affirme que le salut est en avant et non pas en haut. À l'appui de cette hypothèse, un des auteurs cités plus haut nous fournit un indice intéressant lorsqu'il écrit immédiatement après qu'on peut voir dans ce qui arrive au bon larron sur la croix «un bon exemple de la renaissance spirituelle». Cette renaissance a été provoquée selon lui par la parole de Jésus («Aujourd'hui, tu seras avec moi dans le paradis.» — *Luc* 23, 43), laquelle parole a entraîné «la transformation spirituelle *instantanée*» du bon larron (c'est moi qui souligne).[6]

Croire à Jésus, selon le raisonnement de cet auteur, c'est être transformé instantanément, tandis que croire à la réincarnation, c'est croire que l'on continuera indéfiniment à tourner en rond. Je vois une confirmation additionnelle de cette reconstitution des croyances réelles de l'auteur lorsqu'il cite immédiatement après un extrait de la *Première Lettre de Pierre* qui se lit comme suit: «Béni soit Dieu, le Père de Notre Seigneur Jésus-Christ: dans sa grande miséricorde, il nous a fait renaître pour une espérance vivante, par la résurrection de Jésus-Christ d'entre les morts, pour un héritage qui ne peut corrompre, ni souiller ni flétrir...»(*1 Pierre* 1, 3-4).

Il se passe ici un phénomène révélateur: plus j'ai l'impression de tourner en rond dans une existence où je ne puis que me corrompre, me souiller et me flétrir, plus j'ai besoin de croire que ma résurrection personnelle garantie par celle de Jésus viendra m'arracher pour de bon à cette pénible expérience de la durée humaine. Dans le scénario inverse, plus j'ai l'impression d'avancer et de progresser dans une existence où je m'enrichis, je me purifie et je mûris, plus la perspective de poursuivre ce processus de croissance dans une incarnation ultérieure se trouve dé-dramatisée.

Je ne dis pas que les objections de nature théologique que l'on peut opposer à la croyance en la réincarnation sont sans portée parce qu'elles peuvent être entachées de peur, ni que les croyances chrétiennes sont fausses parce qu'on peut s'y rattacher par besoin de sécurité. Je dis que le thème de la réincarnation vient mettre en branle des phé-nomènes affectifs plus ou moins enfouis et plus ou moins intenses, et que ces phénomènes affectifs sont susceptibles d'interférer d'une façon significative dans le débat théologique.

Je connais par exemple des agents pastoraux qui don-nent l'impression d'une bonne cohérence autant dans leur pensée sociale que dans l'articulation de leur foi, et qui ont par ailleurs des réactions cinglantes lorsqu'il est question devant eux de réincarnation. Ces individus ne sont pas nécessairement de grands anxieux qui s'ignorent, mais ils donnent à ce moment des signes d'un durcissement affectif qui ne peut faire autrement que de donner lieu par la suite à un fonctionnement cognitif durci lui aussi, où les contrastes sont accusés et font disparaître les tons de gris, où les ponts sont coupés et où les différences ont tôt fait de devenir des incompatibilités de fond.

RICHARD BERGERON
ET LE COURANT RÉINCARNATIONNISTE

J'aimerais terminer ce chapitre par une dernière il-lustration d'un auteur qui amorce son exploration sous des allures modérées et ouvertes, mais dont le volume s'achève sur un cri du coeur qui trahit le climat affectif dans lequel l'ensemble de la démarche a été menée. Cet auteur se propose au point de départ d'aller à la rencontre des nouveaux groupes religieux, en nous laissant entendre qu'il tentera de les comprendre de l'intérieur et d'une façon sym-pathique, c'est-à-dire en misant sur leur sensibilité com-mune: «On ne comprend bien l'expérience d'un autre qu'à travers l'expérience analogue que l'on vit.»[8]

Mais cette sympathie n'est pas facile, et l'inconfort plus ou moins réprimé pendant le reste du volume refait surface dans les dernières pages pour donner lieu à une charge im-pitoyable: «Les gnoses promettent mer et monde», mais «cet espoir ménage souvent d'amères désillusions». «Les gnoses apparaissent, de prime abord, comme des phé-nomènes hybrides et parasitaires. (...) Tout en étant coupées des religions nourricières, elles prétendent en être l'expression suprême.» Elles témoignent d'«un syncrétisme douteux», elles «identifient l'expérience de soi avec l'ex-périence de Dieu», elles sont «sous l'emprise de la séduc-tion cosmique» et regorgent de «mirages», alors qu'«en réalité, le gnostique est un éternel solitaire séduit par sa propre beauté» et qu'«à la limite, l'itinéraire gnostique aboutit à l'adoration du moi».[9]

Cette charge sur laquelle le volume se termine con-traste avec la citation sur laquelle le volume s'ouvrait. Dans cette citation d'un message que saint Augustin adressait à des croyants différents de lui, l'auteur a retenu les mots sui-vants: «Déposons toute arrogance. Qu'aucun de nous ne prétende avoir découvert la vérité. Cherchons-la ensemble comme quelque chose qui n'est encore connu ni des uns, ni des autres...»

Comment expliquer que l'auteur termine dans la fermeture et la dureté une démarche que de toute évidence il voulait mener dans la douceur et l'accueil? Comment comprendre qu'un théologien qui fréquente une tradition spirituelle depuis des décennies n'ait rien réussi à trouver en commun avec les interrogations, les découvertes et les croyances des groupes religieux auxquels il consacre une recherche de 500 pages? Nous reviendrons plus loin sur ces questions.

1. BERGIER, article Satisfaction, *Dictionnaire de théologie,* Paris, 1876, p. 350.
2. NEUENZEIT, P., article Expiation, *Encyclopédie de la foi,* Tome II, Paris, Cerf, 1965, p. 134.
3. SIWEK, P., *La réincarnation des esprits,* Rio de Janeiro, Desclée de Brouwer, 1942, p. 32.
4. ROBILLARD, E., *La réincarnation, rêve ou réalité?,* Montréal, Éditions Paulines, 1981, p. 6.
5. ROBILLARD, E., Gnose et réincarnation, dans *L'informateur catholique, Vol. II, no. 15,* 2 juillet - 20 août 1983, p. 15.
6. DE SILVA, L., *Reincarnation in Buddhist and Christian Thought,* Colombo, Christian Literature Society of Ceylan, 1968, p. 156.
7. PRIEUR, J., Point de vue chrétien sur la réincarnation, dans *Précis sur la réincarnation,* (en collaboration), Sainte-Foy, Éditions Saint-Yves, 1980, pp. 77-79.
8. BERGERON, R., *Le cortège des fous de Dieu,* Montréal, Éditions Paulines, 1982, p. 15.
9. BERGERON, *Le cortège...,* pp. 417 et suivantes.

CHAPITRE 4

La résurrection des corps

Si un chrétien croit à la résurrection des corps au sens strict de ce corps-ci, il doit alors fermer sur le champ le dossier de la réincarnation, car il ne peut penser se retrouver avec deux ou cent corps différents lors du jugement dernier.

Mais la question est plus complexe, et la réflexion chrétienne traditionnelle apparaît passablement embarrassée lorsque vient le temps de se représenter la relation de la conscience ou de l'âme au corps, après la mort.

Selon le scénario traditionnel, l'âme atteint tout de suite la vision béatifique c'est-à-dire le bonheur tout à fait comblant de voir Dieu, si elle est trouvée juste lors du jugement particulier qui suit la mort. Par ailleurs, étant donné la conception thomiste selon laquelle la personne humaine est constituée de l'union substantielle du corps et de l'âme, il est anormal que l'âme puisse subsister sans le corps. Comme l'écrit un commentateur thomiste, «la vie de l'âme séparée est celle d'un amputé qui éprouve à toutes ses extrémités nerveuses l'impression du membre perdu».[1]

La difficulté insurmontable est donc que l'âme est parfaitement heureuse puisqu'elle a la vision béatifique de Dieu, mais qu'elle n'est en même temps pas tout à fait heureuse puisqu'il lui manque son corps.

Le problème est insoluble tant qu'il dure, mais la résurrection des corps qui doit survenir au jugement général viendra l'éliminer, en permettant à chaque âme de retrouver «son» corps. En stricte rigueur de termes, ce phénomène équivaudra à une réanimation du corps, c'est-à-dire à un retour de l'âme (re-anima) dans le corps, accompagné d'une transfiguration de ce corps.

LA RÉSURRECTION DE QUEL CORPS?

Mais ici, un nouveau problème surgit, sitôt que je me demande lequel de mes corps je retrouverai, ou plus précisément le corps correspondant à quelle période de ma vie: celui que j'avais à ma mort, possiblement myope, arthritique, dépourvu d'un rein? le corps que j'avais à ma naissance, possiblement hydrocéphale, et qui s'est éteint lorsque j'avais deux ans?

Certains chrétiens voudront prendre leurs distances par rapport à des questions aussi matérialistes, pour parler d'un corps «spiritualisé», et donc guéri de toutes ses infirmités et déficiences, de toutes ses usures et de son processus de vieillissement lui-même. Ce corps sera également dispensé de ses besoins physiologiques, donc des ongles et des cheveux qui ne pousseraient plus, des papilles gustatives, un estomac, un pancréas, un foie, un intestin qui ne fonctionneraient plus, etc.

Mais alors, qui reconnaîtrait d'emblée ce «corps» comme le sien? Qui se sentirait spontanément à l'aise dans une telle prothèse? Qui pourrait affirmer qu'il aurait alors «retrouvé son corps»? Incidemment, ceux qui rejettent l'hypothèse de la réincarnation parce qu'ils ne réussissent pas à s'imaginer naissant dans un autre corps, pourraient se demander s'ils prévoient s'ajuster plus facilement au corps «ressuscité» de leur imagerie chrétienne.

À ces difficultés s'ajoute le fait qu'il est de l'essence de la matière de s'user, de se corrompre, de se dissoudre, de sorte qu'une matière incorruptible est une contradiction dans les termes. Pour être incorruptible, il faudrait donc que le corps soit incorporel. Mais un «corps incorporel» (ou spirituel) est un concept qui s'éloigne passablement de ce que les gens ont en tête lorsqu'ils se représentent leur corps ressuscité.

En dépit de ces difficultés, les représentations chrétiennes spontanées, s'appuyant en cela sur les interprétations des auteurs chrétiens traditionnels, affirment l'identité du corps avant la mort et après la résurrection. C'est le même corps, mais allégé et transfiguré, à l'exemple du corps de Jésus au matin de Pâques, lequel corps est peut-être méconnaissable mais n'en porte pas moins la marque des clous.

UN NOUVEAU CORPS?

En contraste avec cette insistance sur l'aspect continuité ou identité, l'exégèse actuelle fait plutôt ressortir l'aspect rupture ou nouveauté du corps «spirituel» ou ressuscité par rapport au corps actuel. Un auteur résume ainsi la position dominante des commentateurs de la pensée de l'apôtre Paul sur le sujet: «C'est un nouveau corps, créé selon un nouveau principe d'existence, qui doit remplacer ce corps-ci, de sorte que (...) bien que le corps que nous avons présentement soit totalement détruit par la mort et la corruption, nous recevrons dans l'au-delà un corps ressuscité résultant d'une action divine beaucoup plus merveilleusement créatrice».[2]

Mais l'approche courante des exégètes actuels comporte ses difficultés, elle aussi, lorsqu'il s'agit d'interpréter la pensée de Paul, et notamment le passage suivant:

> «Ce que tu sèmes, ce n'est pas le corps à venir, mais un grain tout nu (...) et Dieu lui donne un corps à son gré, à chaque semence un corps particulier. (...) On sème de la corruption, il ressuscite de l'incorruption, (...) on sème un corps psychique (naturel), il ressuscite un corps spirituel.» (*I Corinthiens* 15, 37-44).

Alors que l'approche traditionnelle insistait trop sur l'identité du corps avant la mort et après la résurrection, les exégètes évoqués plus haut vont trop loin dans l'aspect rupture et création nouvelle, puisque l'image utilisée ici par Paul implique *une certaine continuité*.

Comme l'écrit Dahl, «le mot même de résurrection implique la restauration de quelque chose de perdu plutôt que l'apparition de quelque chose de nouveau, et pareillement, le mot semer implique que quelque chose doit croître et se développer plutôt que quelque chose qui doit tout simplement disparaître».[3]

Il faut se garder de forcer la pensée de Paul, mais le processus de croissance évoqué ici semble bien se situer entre le moment de la mort (puisque c'est au moment de la vie présente que l'on sème) et celui de la résurrection, puisque c'est à ce moment que se fait la récolte. Ce qui se développe et grandit après la mort du corps, ce ne peut donc être celui-ci mais quelque chose qui se situe en continuité avec ce qui a été vécu.

Regardons de plus près ce que Paul entend par le corps naturel que l'on sème à la mort. «Pour saint Paul, le corps signifie pratiquement la personnalité» et ceci, en étroite fidélité à la pensée hébraïque, qui ne distingue pas entre l'âme et le corps, «de sorte que lorsqu'il parle d'un «corps spirituel», il veut dire la personnalité humaine sous le contrôle complet de l'Esprit».

S'il en est ainsi, le développement de Paul suggère que «le corps naturel n'est pas la personnalité dans sa plénitude, mais *un grain tout nu,* la simple possibilité de cette personnalité totalement actualisée. Le corps naturel représente une étape dans un processus par lequel, sous le regard de Dieu, la personne humaine progresse en direction de sa véritable destinée dans le Christ, qui est de devenir une personne spirituelle».[4]

Pour ce spécialiste de la théologie biblique, «saint Paul n'enseigne pas la doctrine de la résurrection du corps telle qu'entendue aussi bien dans la théologie catholique que dans la théologie protestante».[5] Cette conception courante de la résurrection du corps est fondée sur une approche philosophique de la personne comme composée d'un corps et d'une âme, mais elle serait étrangère autant à Paul qu'aux autres auteurs bibliques.

LA RÉSURRECTION DE LA PERSONNALITÉ

Dahl estime qu'il est plus vraisemblable que les auteurs bibliques concevaient la mort comme «quelque chose qui arrive à l'ensemble de la personne, plutôt que comme le divorce entre deux parties de la personnalité»[6], lequel divorce amène à concevoir l'âme comme immortelle (ce qui n'est nulle part affirmé dans la Bible) et la résurrection comme portant uniquement sur le corps.

Si la mort affecte l'ensemble de la personne, c'est l'ensemble de la personne également qui est touchée par la résurrection, et Dahl interprète la pensée de Paul sur la résurrection comme coïncidant avec «la transformation eschatologique du cosmos entier et son assomption dans une nouvelle dimension». Dans ce contexte, la résurrection des morts équivaut «à la restauration et au salut final de la personnalité unifiée».[7]

Saint Paul intègre donc les dimensions de continuité, puisqu'il y a permanence de l'essentiel de la personnalité, et de rupture, puisque la résurrection représentera un point tournant dans le processus créateur de Dieu actif dès l'origine du cosmos.

Pour le théologien Reinhold Niebuhr, chaque action humaine ne retire pas sa valeur du fait qu'elle serait agréée par un Dieu situé hors de l'histoire, mais en fonction de sa contribution à l'avancement de l'histoire (ou à la maturation du royaume de Dieu). À ce titre, toute personne qui meurt «est un Moïse qui périt avant d'être entré dans la terre promise» mais qui sera associé un jour à l'atteinte de cette terre promise.[8]

Le théologien américain comprend ainsi le jugement dernier comme le fait que tout intervenant dans l'histoire sera un jour associé à l'aboutissement final de cette histoire. Le théologien allemand Wilhelm Bruening interprète lui aussi la croyance en la résurrection des corps comme la croyance au fait qu'aucune des interventions du sujet dans l'histoire, qui ont eu pour effet d'humaniser le monde, «n'est perdue devant Dieu».[9]

Ces réflexions nous font pressentir le lien vital qui unit intervention dans l'histoire et résurrection des corps, en nous laissant entendre que les humains ne ressusciteront que dans la mesure où ils auront inscrit concrètement dans l'histoire leur solidarité totale avec les autres humains. C'est ainsi que Jésus était prêt à ressusciter, parce qu'il avait poussé à la limite la conscience de cette solidarité totale avec les autres vivants: «Dans la mesure où vous l'avez fait à l'un de ces plus petits de mes frères, c'est à moi que vous l'avez fait.» (*Matthieu* 25, 40).

Notre corps actuel nous permet d'inscrire dans l'histoire notre solidarité avec autrui, mais plus cette solidarité s'intensifie et s'universalise, et plus notre corps nous fait sentir ses contraintes en nous enfermant dans un lieu et dans un temps. Mais cette solidarité et cette communion universelles, le «corps ressuscité» les permettra sans limites. Rahner écrit ainsi: «Le corps glorieux semble devenir ainsi la pure expression de cette relation à l'ensemble de l'univers que possède la personne glorifiée.»[10]

Ces perspectives nous éloignent considérablement des perspectives nettement individualistes qui sont parfois sous-jacentes à l'affirmation dogmatique de la résurrection des corps. Le langage populaire exprime bien cet individualisme avec l'expression «sauver sa peau», ce qui est littéralement le cas dans une certaine croyance en la résurrection des corps, où le sujet donne l'impression d'avoir bien hâte de tirer son épingle du jeu.

Contrairement à cette dynamique individualiste, les perspectives ouvertes plus haut sont nettement collectives. On touche probablement ici à la raison profonde pour laquelle la réflexion chrétienne situe la résurrection des corps au jugement général plutôt qu'au jugement individuel. Le jugement général, débouchant sur la résurrection des corps, rendra visible la totalisation de l'histoire individuelle de chacun, mais dans la mesure où cette histoire individuelle aura réussi à se solidariser avec l'histoire d'autrui. C'est pourquoi la célébration de la participation de chacun à l'humanisation de tous ne pourra être qu'un événement collectif, contrairement à ce qui se serait passé si la résurrection des corps avait suivi le jugement individuel de chacun.

Réinterpréter la croyance en la résurrection des corps autrement qu'en termes d'un retour mystérieux des corps matériels, c'est donc affirmer que la réalisation plénière de l'être humain passe par des enjeux bien différents de la simple restitution de son corps charnel amélioré dans l'au-delà.

LE CORPS, ÉTAPE DANS UN PROCESSUS

Qu'en est-il maintenant de la réincarnation? Comme on l'a vu plus haut, cette croyance porte sur le fait que la croissance morale et spirituelle de l'être s'effectue par étapes successives qui se conditionnent les unes les autres, mon corps et mon environnement social étant en partie le résultat des choix que j'ai faits dans le passé et les points de départ des choix que j'aurai à faire dans cette étape-ci.

Reprenons maintenant une affirmation qui a été faite plus haut par un théologien biblique en dehors de toute considération de réincarnation: «Le corps naturel représente une étape dans un processus par lequel, sous le regard de Dieu, la personne humaine progresse en direction de sa véritable destinée dans le Christ, qui est de devenir une personne spirituelle.»[4]

Le corps que j'ai présentement représente *une* étape dans un processus de croissance en direction de Dieu. Ce thème de la croissance en direction de Dieu ne serait pas partagé par toutes les écoles hindoues et surtout pas par toutes les écoles bouddhistes, d'une part parce que le concept de Dieu est parfois très flou dans ces écoles, mais surtout parce que le simple fait de penser en termes de croissance peut être perçu comme allant à l'encontre du concept de détachement de soi (opposé au concept d'accroissement de soi). Mais si un réincarnationniste reprenait à son compte cette assertion, il sous-entendrait bien sûr: une étape parmi plusieurs. Un chrétien qui serait non réincarnationniste sous-entendrait pour sa part: le corps naturel représente l'unique étape de ce genre dans le processus global de maturation, les autres étapes étant différentes et devant se faire sans le corps, au purgatoire notamment.

Fort bien. Admettre que je fais à vélo une étape de mon voyage ne m'oblige pas à admettre qu'il y aura d'autres étapes à vélo. Il peut bien arriver que le reste du voyage se fasse à pied ou en auto. Mais si j'ai admis que j'ai fait une étape à vélo et que j'ai, ma foi, réussi à avancer un peu, l'idée que je puisse éventuellement faire une autre étape à vélo a de bonnes chances de cesser de m'apparaître comme incompatible avec le principe même du voyage.

Tout voyage a une fin, et ce qui serait difficile pour le chrétien serait d'admettre qu'il se retrouvera à vélo à la fin du voyage. Beaucoup rejettent l'idée de la réincarnation parce qu'ils jugent absurde l'idée de se réincarner *au terme* de leur cheminement. Et de fait, l'idée d'une réincarnation qui surviendrait après le jugement général irait à l'encontre du principe même de ce jugement final. Par ailleurs, le chrétien peut facilement admettre l'hypothèse que le jugement individuel, qui suit immédiatement la mort, marque la fin d'une étape et ouvre sur une autre. Comme l'écrit Dahl, la vie présente représente *une* étape dans un processus global de croissance. Et c'est ici qu'un chrétien réincarnationniste fera valoir qu'un certain nombre des autres étapes à venir pourront se dérouler elles aussi sur la terre, étant donné que celle-ci représente un environnement adéquat pour la croissance personnelle et pour l'intervention dans l'histoire.

FIN D'UNE ÉTAPE ET FIN DU VOYAGE

La confusion entre jugement individuel et jugement général est donc responsable du rejet de la réincarnation par plusieurs chrétiens et chrétiennes. À titre d'exemple, prenons le cas de Lynn De Silva, qui traite d'une façon assez sympathique le thème de la réincarnation dans un volume intitulé *La réincarnation dans la pensée bouddhiste et dans la pensée chrétienne.* Mais vers la fin de son volume, cet auteur ferme complètement la porte à la réincarnation à partir du raisonnement suivant. «Saint Paul dit que le corps physique est faible, impuissant et sujet à la décrépitude et à la mort, mais que le corps spirituel est impérissable ou immortel. Cette façon de voir ne laisse aucune place pour une théorie de la renaissance ou de la réincarnation, laquelle implique la naissance, la décrépitude et la mort.»[11]

Si la résurrection suit instantanément la mort et qu'il s'agit de la résurrection chrétienne qui implique un changement radical de niveau d'existence, alors De Silva a raison d'affirmer que la réincarnation n'a aucune place dans les croyances chrétiennes. Mais si l'on se replace dans le scénario chrétien traditionnel, on s'aperçoit que l'intervalle entre le jugement individuel (où la personne est censée revoir le film de sa vie et se situer par rapport à ce film) et le jugement général qui est tout à la fois l'aboutissement de l'histoire cosmique et des histoires individuelles de même que leur transfiguration, que cet intervalle donc ouvre un espace. Et cet espace, il est traditionnellement vu chez les chrétiens comme le temps de la maturation, ce qui est dans la logique même de l'image utilisée par Paul ici, le temps des semailles et celui de la moisson étant nécessairement entrecoupés par le temps de la croissance.

Disons quelques mots en terminant sur l'article du credo où l'on confesse la foi en la «résurrection des morts». Dans la logique de ce qui a été dit précédemment, croire à la résurrection des morts, croire à ma résurrection, c'est croire à la permanence mystérieuse, par la grâce de Dieu, de tous les apprentissages de mon humanité que j'ai progressivement inscrits dans mon histoire personnelle, et croire également à la permanence mystérieuse de toutes les interventions positives que j'ai inscrites dans l'histoire totale, en solidarité avec autrui.

Le credo chrétien étant fondamentalement un chant d'espérance, croire à la résurrection des morts, c'est croire à la transfiguration à venir de tous les acquis de mon évolution personnelle et de l'évolution cosmique, et croire que ces deux évolutions sont étroitement solidaires, ma «sainte conduite (...) hâtant l'avènement du Jour de Dieu» (*II Pierre* 3, 12).

Ce passage du credo peut être mis au service du narcissisme individuel poussé à sa limite: j'aime tellement mon corps qu'avec l'aide des croyances chrétiennes, je le proclame éternel, puisque bien sûr telle est la volonté de Dieu! Mais ce passage peut aussi servir à accroître ma détermination à relever patiemment dans l'histoire les nombreux défis de mon humanisation totale, et de la construction du Royaume, dans le respect du mystère de ce qui surviendra au terme de cette aventure totale: «Ô profondeur de la sagesse de Dieu! Que ses (...) voies sont impénétrables!» (*Romains* 11, 34).

1. SERTILLANGES, A., *Les fins dernières,* Montréal, Éditions de l'Arbre, 1946, p. 120.
2. DAHL, M., *The Resurrection of the Body,* London, SCM Press, 1962, pp. 13-14.
3. DAHL, *The Resurrection...,* p. 33.
4. DAHL, *The Resurrection...,* p. 15.
5. DAHL, *The Resurrection...,* p. 18.
6. DAHL, *The Resurrection...,* p. 53.
7. DAHL, *The Resurrection...,* p. 94.
8. NIEBUHR, R., *The Nature and Destiny of Man,* Vol. II, New York, Charles Scribner's Sons, 1964 (c. 1943), p. 308.
9. Cité par KUNG, H., *Eternal Life? Life After Death as a Medical, Philosophical and Theological Problem,* New York, Doubleday and Company, 1984 (c. 1982), p. 112.
10. RAHNER, K., *Le chrétien et la mort,* Paris, Desclée, 1966 (c. 1963), p. 28.
11. DE SILVA, L., *Reincarnation in Buddhist and Christian Thought,* Colombo, Christian Literature Society of Ceylan, 1968, p. 146.

CHAPITRE 5

Le paiement de nos dettes

Dans la pensée chrétienne, la personne est créée libre et responsable de ses actes, qui la suivent. «C'est le Seigneur qui au commencement a fait l'homme et il l'a laissé à son conseil. (...) Devant les hommes sont la vie et la mort, à leur gré l'une ou l'autre leur est données.» (*Ecclésiastique* 15, 14-17). Lorsque le sujet fait des choix de mort plutôt que des choix de vie, il devra un jour réparer. Jésus conseillera ainsi à celui qui est en dette envers quelqu'un d'autre de profiter du temps où il est encore en cheminement pour acquitter sa dette, car il ne gagnera rien à attendre de se retrouver devant le juge: «Je te le déclare: tu ne t'en sortiras pas tant que tu n'auras pas payé jusqu'au dernier centime.» (*Luc* 12, 59).

Comme le souligne un commentateur, cette parabole fait ressortir le fait qu'il faut «acquitter notre dette de la façon dont Dieu lui-même l'indique»[1]: celui-ci ne nous fera pas grâce face à ce que nous aurons mal fait ou négligé de faire.

Dans ces perspectives, il n'y a pas de grâce qui nous dispenserait d'avoir à faire face aux conséquences de nos choix. Les réincarnationnistes sont pour leur part très clairs là-dessus: dans l'univers moral, rien n'est gratuit, tout doit être payé, acquis, appris par essais et erreurs. Les erreurs se réparent, se paient par une dose d'énergie équivalente qu'il faudra de nouveau fournir pour compenser ce qui a été mal fait. Quant aux réussites, ... elles débouchent sur de nouveaux apprentissages qui devront être assumés eux aussi par essais et erreurs.

L'ÉDUCATION PERMANENTE

Cette dynamique de l'apprentissage continu est tellement inscrite au coeur de la personne humaine que l'on voit des gens quitter des situations enviées, confortables et très payantes, pour la seule raison que ces situations ne leur permettent plus de rien apprendre. Ces personnes sentent qu'elles ont cessé d'avancer et ont le réflexe instinctif de se remettre en marche, prêtes à faire de nouvelles erreurs, à payer de nouveau pour continuer d'apprendre.

Ce qui déclenche la croissance, c'est donc un nouvel investissement d'énergie, lequel se trouve requis lorsqu'un cycle d'apprentissage vient d'être complété. C'est ainsi que l'aventure humaine consiste dans une longue démarche de croissance dont les différents cycles s'enchaînent les uns aux autres. On retrouve cette réalité de base dans plusieurs passages du *Nouveau Testament*, et notamment dans l'*Évangile de Jean*, avec l'image de la vigne, où Jésus déclare: «Tout sarment en moi qui ne porte pas de fruit, mon Père le coupe, et tout sarment qui porte du fruit, il l'émonde, pour qu'il en porte encore plus.» (*Jean* 15, 2).

Si l'on pousse cette image au bout de sa logique, on s'aperçoit que ce qui est en cause ici, c'est une expérience de désencombrement, de détachement, de purification (la même racine grecque utilisée ici signifiant purifier autant qu'émonder), tout cela en vue d'une fécondité plus grande. Par ailleurs, la suite du texte relie la démarche de croissance des disciples à celle de Jésus lui-même: «Si vous gardez mes commandements, vous demeurerez en mon amour, comme moi j'ai gardé les commandements de mon Père et je demeure en son amour.»(v. 10).

Or, cette démarche de croissance vécue en solidarité avec autrui peut demander un investissement d'énergie qui peut être total: «Il n'est pas de plus grand amour que de donner sa vie pour ses amis.» (v. 13). Il y a inévitablement quelque chose de pénible dans la croissance, dans l'émondage, dans la purification, dans le détachement.

On retrouve ici la même idée contenue dans l'image du grain de blé qui doit accepter de tomber en terre pour porter fruit au profit d'autrui, laquelle image est présentée quelques pages plus haut (12, 24). Consentir à amorcer un nouveau cycle de croissance, c'est accepter de souffrir, et ce n'est souvent que la mort qui permet d'opérer la transition vers la fécondité d'un nouveau cycle de croissance, de «porter davantage de fruit».

Un commentateur écrit ainsi que «l'union au Christ dans sa mort, qui est la clé pour comprendre l'eucharistie, est également le thème de l'ensemble de ce chapitre» 15, qui s'ouvre sur l'émondage de ceux qui sont déjà féconds.[2]

LA CROISSANCE PÉNIBLE

Ce passage de l'*Évangile de Jean* est très éclairant d'une part parce qu'il associe croissance et souffrance, mais d'autre part parce qu'il dissocie souffrance et péché. Ce n'est pas parce qu'il a péché que Jésus doit mourir, et ce n'est pas non plus parce qu'ils ont péché que ses disciples doivent être désencombrés.

La souffrance n'est pas nécessairement le salaire du péché, bien qu'elle le soit fréquemment. La Bible enseigne que si l'on vit inconsidérément sans égard aux coûts de ses actes. il faudra un jour «passer à la caisse». Mais Jésus refusera pour sa part d'identifier tel handicap précis (la cécité de naissance) à une faute commise dans une vie antérieure ou dans le sein maternel (*Jean* 9, 3). L'aveugle de naissance n'est pas nécessairement en train de réparer, mais il est sûrement en train d'apprendre. Et s'il est en train de grandir, c'est pour porter fruit, à la gloire de Dieu, «c'est pour qu'en lui se manifestent les oeuvres de Dieu».

Lorsque les réincarnationnistes disent que tout se paie et qu'il n'y a rien de gratuit, ils se réfèrent à ce phénomène de base selon lequel la personne humaine ne grandit que par essais et erreurs, n'apprend que par essais et erreurs, ne s'unifie que par essais et erreurs, et que tous ces essais et toutes ces erreurs demandent de l'énergie, doivent être payés. Notons en passant que cette affirmation de base n'équivaut nullement à évacuer le sens de la gratuité ou de l'émerveillement.

Mais le sens de la gratuité, la gratitude, l'émerveillement, la confiance face aux choses qui ne dépendent pas directement de nous (comme la température pour le pique-nique prévu pour la semaine prochaine!), rien de cela n'est donné au départ et tout cela doit être cultivé, développé, purifié, émondé de son aspect magique, bref, appris progressivement et parfois laborieusement!

LA CROISSANCE DONNÉE

Cette approche soulève parfois chez certains chrétiens l'objection que l'on prétend faire son propre salut, que l'on prétend se donner soi-même le salut. Pour les chrétiens, le salut est essentiellement quelque chose de gratuit, quelque chose que l'on reçoit, et donc une grâce à proprement parler. Or, n'est-ce pas justement ce qui est évacué dans la pensée réincarnationniste?

La préoccupation sous-jacente à cette objection est qu'on ne devrait pas se glorifier du chemin que l'on parcourt et qui doit nous mener vers Dieu, car si Dieu n'était pas d'abord là pour rendre possible et faciliter ce cheminement, personne n'avancerait, si héroïques que soient ses efforts: «Nul ne peut venir à moi si le Père qui m'a envoyé ne l'attire.» (*Jean* 6, 44). Prétendre arriver à Dieu parce qu'on a marché longtemps et qu'on a fait tout ce qu'il fallait, c'est ainsi pervertir le concept même de salut, qui est toujours donné plutôt que conquis.

Il est clair que pour Bouddha, par exemple, le salut n'est pas quelque chose que l'on reçoit passivement, mais une démarche que l'on assume par son effort quotidien. «Ceux qui suivent la voie, dit-il, devraient suivre l'exemple d'un boeuf qui marche à travers la boue épaisse en transportant une lourde charge...»[3]

Incidemment, cette invitation à s'engager à suivre la voie en portant sa charge personnelle évoque spontanément pour un chrétien la parole de Jésus à propos de la croix : « Si quelqu'un veut venir à ma suite, qu'il se renie lui-même, qu'il se charge de sa croix et qu'il me suive. » (*Marc* 8, 34).

Il y a dans cette parole de Jésus un élément important : celui qui veut faire son salut doit y consentir l'effort nécessaire, mais il doit fournir courageusement cet effort *en se reniant lui-même*, c'est-à-dire en renonçant à se glorifier de ses efforts, en renonçant à penser en termes de performance et de mérite personnel.

Autant dans le bouddhisme que dans le christianisme, ce qui fait problème, ce n'est pas l'énergie personnelle investie dans son cheminement de croissance ou de libération, mais c'est l'attachement au moi, la tendance pharisienne à rehausser son image personnelle. Jésus utilise une autre parabole pour illustrer cette dynamique de renoncement à soi-même, laquelle parabole se termine par la conclusion suivante : « Quand vous aurez fait tout ce qui vous a été prescrit, dites : 'Nous sommes de pauvres serviteurs ; nous n'avons fait que ce que nous devions.' » (*Luc* 17,10).

On retrouve ici les mêmes dispositions intérieures que nous avons évoquées au chapitre deux dans l'exemple du porte-monnaie perdu. Cette attitude de détachement intérieur qui est au coeur de l'hindouisme et du bouddhisme se retrouve fréquemment évoquée dans les Évangiles et les Épîtres, sous la forme de l'équation suivante : engagement + détachement = salut. Il s'ensuit que si l'on veut refuser la réincarnation pour des motifs théologiques, il faut que ce soit pour d'autres raisons que pour l'incompatibilité entre l'approche orientale et l'approche chrétienne du salut.

LA GRÂCE QUI COÛTE CHER

Le théologien allemand Dietrich Bonhoeffer a bien mis en lumière cette ambiguïté de la conception chrétienne de la grâce, qui peut signifier tour à tour l'effort qu'il nous est *donné* de faire pour suivre Jésus, ou au contraire le fait de pouvoir suivre Jésus sans effort, puisqu'on a sa grâce en quantité illimitée. Dans le passage suivant de son commentaire sur le Sermon sur la montagne, il oppose ces deux approches sous les termes de «grâce qui coûte» et de «grâce à bon marché».

«La grâce à bon marché, c'est la grâce considérée comme une marchandise à liquider, le pardon au rabais, la consolation au rabais, le sacrement au rabais, la grâce qui ne coûte rien. Car on se dit que, selon la nature même de la grâce, la facture est d'avance et définitivement acquittée, on peut tout avoir gratuitement. (...) Le chrétien, donc, n'a pas à obéir à Jésus, il n'a qu'à mettre son espoir dans la grâce!»

En résumé, la grâce à bon marché, «c'est la grâce que n'accompagne pas l'obéissance, la grâce sans la croix», un bouddhiste dirait la grâce sans l'effort. Inversement, «la grâce qui coûte, c'est l'évangile qu'il faut toujours chercher à nouveau», et «elle coûte parce qu'elle appelle à l'obéissance à Jésus-Christ...»[4]

La grâce funeste, c'est celle qui nous sert de prétexte pour ne pas nous reconnaître en cheminement, avec l'effort que cela implique, alors que la grâce salutaire consiste dans l'obéissance, c'est-à-dire dans le fait de reconnaître et d'assumer un à un les défis successifs qui apparaissent à chaque détour du chemin.

Il y a donc deux façons de concevoir la grâce. Selon la première, la grâce est une intervention directe du surnaturel dans les systèmes de causalité humaine (aux plans physiologique, psychologique, social...), en vertu de laquelle une personne jusqu'ici incapable de vaincre tel blocage ou tel conditionnement, devient un jour capable de le faire, et ce, sans effort de sa part.

Selon la deuxième façon de voir, la grâce est le mystère dans lequel baigne toute la création et qui fait que l'effort, la souffrance, la vigilance, le courage et la générosité finissent par porter fruit, que les caps difficiles finissent par être franchis, que les prises de conscience finissent par se faire, que les bonnes décisions finissent par être prises, et que les libérations individuelles et collectives finissent par survenir, après avoir suffisamment (et péniblement!) fermenté.

Ces deux façons de donner sa grâce ou de donner son aide correspondent à la façon typique dont un enfant et un adulte sont portés à aider. Si l'on demande à un enfant d'en aider un autre, il sera la plupart du temps spontanément porté à intervenir directement pour agir à la place de l'autre. Aider un autre enfant à transporter un objet, ce sera ainsi prendre cet objet et aller soi-même le porter là où il doit aller.

Pour l'adulte, par ailleurs, aider le même enfant à transporter cet objet, c'est lui conseiller comment s'y prendre, attirer son attention sur la façon dont les autres enfants autour de lui le font, bref, lui laisser l'espace et le temps nécessaires pour qu'il fasse lui-même son apprentissage, quitte à échouer quelques fois avant de réussir.

À moins d'être fatigué, d'avoir développé un pattern de dépendance, ou encore d'être handicapé dans l'utilisation de certaines de ses ressources, l'enfant préférera spontanément être aidé d'une façon adulte par quelqu'un qui lui laissera faire ses expériences, plutôt que d'une façon infantile et infantilisante par quelqu'un qui interviendra directement pour agir à sa place. Il reste à transposer au plan religieux, pour conclure que la seconde conception de la grâce est plus adulte, plus responsable, et plus susceptible de favoriser la croissance humaine plutôt que de la ralentir.

«TOUT EST GRÂCE»

On dit parfois qu'il faut tout faire comme si tout dépendait de nous, et par la suite, tout attendre comme si tout dépendait de Dieu. Tout faire comme si rien n'était gratuit et qu'il fallait tout payer de notre énergie, et ensuite, attendre que les résultats ou la moisson soient donnés. Dans ces perspectives, on peut très bien affirmer en même temps que rien n'est gratuit et que tout est grâce.

J'ai connu une femme qui s'était engagée dans un projet dans lequel elle avait tout donné d'elle-même pendant cinq ans, travaillant d'arrache-pied parfois sept jours sur sept. Après cette période de cinq ans, comme son entourage la remerciait d'avoir tant investi et tant apporté, cette personne répondit en substance: «Ne me remerciez pas; croyez-moi, je m'aperçois clairement aujourd'hui que je n'ai fait que ce qu'il était normal de faire et que j'ai tout reçu.» Cette personne n'était pas croyante, mais si elle l'avait été, elle aurait pu conclure en disant: «Tout est grâce!»

Dans une perspective réincarnationniste, «tout est grâce» signifie qu'il n'y a aucun karma dont le sujet soit prisonnier à jamais, que tout cycle de réincarnations ouvre finalement sur le nirvana, et que tout être est placé dans l'environnement le plus favorable pour lui, compte tenu de son passé et de son degré d'évolution spirituelle et compte tenu des apprentissages qu'il doit assumer dans le présent. La grâce, c'est ce que les chrétiens appellent «l'aujourd'hui de Dieu» et ce que les hindous appellent le dharma, c'est-à-dire le temps concrètement ouvert devant soi, donné pour qu'on en tire profit pour sa croissance et sa fécondité.

C'est ce que l'apôtre Paul appelle «le temps favorable», ou si l'on veut le temps «de la faveur», donc le temps donné par grâce: «Le voici *maintenant* le temps rable, le voici *maintenant* le jour du salut.» (*Il Corinthiens* 6, 2). C'est le fameux «ici et maintenant» des psychologues, le seul moment qui ouvre sur une possibilité de croissance, car comme le dit un proverbe arabe, on ne peut monter ni le chameau qui n'est pas encore arrivé, ni celui qui vient de partir, mais seulement celui qu'on a devant soi...

«Tout est grâce» ne signifie donc pas que l'on n'ait pas à faire son salut comme si l'on en était les seuls responsables, mais cela signifie que le mystère de la vie transforme le péché en occasion de prise de conscience, de réparation et de nouvelle fécondité, que le mystère de la vie transforme le karma en dharma : «Ton frère que voici était mort et il est vivant, il était perdu et il est retrouvé.» (*Luc* 15, 32).

1. TINSLEY, E., *The Gospel According to Luke,* London, Cambridge University Press, 1965, p. 145.
2. MARSH, J., *The Gospel of John,* Harmondsworth, Middlesex, England, 1968, p. 521.
3. Cité par SMITH, H., *The Religions of Man,* New York, Harper and Row, 1965 (c. 1958), pp. 120-121.
4. BONHOEFFER, D., *Le prix de la Grâce,* Neuchatel, Delachaux et Niestlé, 1967, Collection Livre de Vie, pp. 19-20.

CHAPITRE 6

De la rédemption à la création

Comme on l'a mentionné plus haut, Edmond Robillard est farouchement opposé à la croyance en la réincarnation et s'emploie dans son volume à démontrer que cette croyance est une illusion. Dans le but de progresser dans notre compréhension du phénomène, nous allons examiner de plus près ses principales objections. Pour cet auteur, «la loi du karma est inconciliable avec la loi d'amour instaurée par Jésus du haut de sa croix. La loi du karma est justice rigoureuse, inexorable; la loi de la croix est don et pardon», et c'est la loi «d'un Dieu mort pour expier le péché des hommes».[1]

Robillard voit une autre différence entre la loi du karma et la loi de la croix: dans la loi du karma, «Dieu se tient loin des conséquences concrètes de l'action: il voit seulement à ce que la terre continue de tourner...», tandis que dans la loi de la croix, «Yahvé apparaît surtout comme un père que les égarements de son fils tourmentent et torturent»; c'est pourquoi «il le châtie pour le corriger, le redresser, le rendre à sa perfection première».[2]

Mais on peut se demander: dans les perspectives chrétiennes, Dieu intervient-il vraiment dans l'histoire d'une façon directe, et si oui, quelles sont les modalités concrètes de cette intervention surnaturelle? D'une façon surprenante compte tenu de ce qui précède, l'auteur affirme plus bas que Dieu, de fait, n'intervient pas, et qu'il laisse se dérouler ce que les réincarnationnistes appellent la loi du karma! Dans un passage consacré à la souffrance des innocents, l'auteur écrit en effet: «C'est à Dieu seul que nous demandons compte de cette souffrance, comme si l'esprit moderne était mieux disposé à accepter que Dieu intervienne constamment dans le cours de la nature et empêche miraculeusement que les causes, posées par nous, produisent leurs effets!»[3]

Malgré les affirmations précédentes à propos de l'incompatibilité entre réincarnation et foi chrétienne, l'auteur se montre parfaitement d'accord avec l'affirmation de fond des réincarnationnistes à l'effet que Dieu n'intervient pas d'une façon surnaturelle pour empêcher que les causes posées par nous produisent leurs effets.

PARDON ET RÉPARATION

Après avoir fait cette affirmation, l'auteur s'engage dans une réflexion qu'aucun réincarnationniste ne refuserait de signer, sur le lien entre réparation et actualisation de soi. Si nous effaçons d'en haut la faute de quelqu'un à notre endroit, celui-ci «se sentira diminué; il se verra établi dans une situation de dépendance à l'endroit de celui qui, lui pardonnant, n'a eu que 'pitié' de lui, sans lui reconnaître le droit de redevenir son égal en soldant la note». Donner à quelqu'un la possibilité de défaire et de refaire ce qu'il a mal fait, c'est ainsi lui permettre de grandir, d'apprendre, de progresser dans son humanité: «Le plus grand bonheur qui puisse venir à l'homme, après qu'il a péché et s'est reconnu coupable, est la chance d'expier, de réparer, de réintégrer sa dignité personnelle, détruite ou fortement corrodée par sa faute.» Mais en plus de sa valeur expiatrice, l'auteur reconnaît également à la souffrance une valeur d'approfondissement et d'intégration personnelle: «Les travaux que nous nous imposons pour réparer le mal causé nous forment, nous approfondissent. Celui qui n'a pas souffert, dit l'Écriture, que sait-il?»[4]

J'estime que ce passage est le plus cohérent de tout le volume, celui qui est le plus appuyé sur l'expérience humaine et celui également qui permet le mieux d'établir un point de contact avec la pensée réincarnationniste. C'est pourquoi je trouve dommage qu'à la page suivante, l'auteur se croie obligé de retirer ce qu'il a dit pour ce qui semble être des raisons théologiques. Si la souffrance humaine a un sens en elle-même, ou du moins peut en avoir un, il devient difficile alors de continuer d'interpréter la souffrance et la mort de Jésus comme ayant valeur d'expiation universelle. Pour «faire de la place» à la souffrance de Jésus, pourrait-on dire, pour donner un sens à sa souffrance, il faut affirmer que la souffrance humaine n'a pas de sens en elle-même, et qu'elle ne pourra en trouver un qu'à partir de celle de Jésus.

«La loi de la croix, au centre du christianisme,» est la loi par laquelle «Dieu a assumé la totalité de la souffrance». Par Jésus, «le mal du monde change de sens; il perd, pour ainsi dire, sa valeur purement négative d'expiation, de châtiment, de réparation, et prend une valeur positive et rédemptrice.»[5] On sent que la pensée de l'auteur est ici embrouillée. Une «valeur purement négative» est une contradiction dans les termes. Une réalité purement négative ne serait pas une valeur mais un mal. Tout ce qui était valorisé à la page précédente se trouve ici déclassé: l'expiation et la réparation qui permettaient tantôt au sujet de réintégrer sa dignité, de s'enrichir, de s'approdondir, deviennent négatives. Et cela, parce que «Dieu a assumé lui-même la totalité de cette souffrance».

Que signifie cette dernière affirmation? Si j'assume la totalité de la dette de mon frère, celui-ci n'a plus rien à payer. Si j'assume la totalité de sa souffrance, il n'a plus rien à souffrir. Mais de toute évidence, tous les humains ont encore à souffrir, et il n'est pas évident qu'il y ait moins de souffrance sur la planète depuis la mort de Jésus. L'intuition chrétienne de la valeur rédemptrice de l'itinéraire de Jésus n'est pas à écarter, mais sa signification n'est pas évidente au premier abord. Et il en va de même d'une autre affirmation fréquente en christianisme, à l'effet que celui-ci est «centré sur la foi en un Dieu mort gratuitement pour effacer le péché du monde».[6]

LA LIBÉRATION DU DÉSORDRE

Nous avons vu au chapitre précédent comment le mécanisme de projection est actif ici, et nous retrouvons effectivement chez Robillard des indices dans ce sens: «Ce que l'homme veut, au plus profond de lui-même, ce n'est pas se réincarner mais, plutôt, au contraire, être délivré 'de ce corps qui le voue à la mort' (*Romains* 7, 24)». La mort n'est pas conçue ici comme la fin d'une suite d'apprentissages par lesquels le sujet est parvenu à une certaine intégration, à un certain degré de maturation spirituelle. Elle est vue plutôt comme la délivrance espérée d'une vie difficile à vivre et où le sujet, désespérant d'accéder à son unité intérieure, aspire à être délivré au plus tôt du fardeau de son existence.

L'auteur précise bien comment il interprète cette existence présente dont la mort doit nous délivrer: «Par corps, saint Paul n'entend pas ici l'enveloppe charnelle, mais le désordre qui nous habite pendant toute la durée de notre actuelle vie charnelle et empêche notre communion heureuse avec nous-mêmes et avec le monde.»[7]

Pour les sujets pour lesquels vivre c'est être confrontés au désordre qui les habite, la réincarnation se présente comme une bien sombre perspective, puisqu'elle ne pourrait que les confronter de nouveau au même désordre. C'est pourquoi de tels sujets sont si sensibles au fait que la croyance en la réincarnation «rend inutiles les notions de grâce et de péché», la grâce étant comprise comme une intervention divine visant à nous abstraire temporairement de notre désordre, en attendant que la mort-résurrection nous en abstraie définitivement, et le péché et ses conséquences (notre désordre) étant en principe supprimés par «la foi en un Dieu mort gratuitement pour effacer le péché du monde».[8]

Il est toutefois possible de faire une autre lecture chrétienne de la condition humaine. Plutôt que d'être victime du désordre qui l'habite à cause de la faute d'Adam et d'être sauvée de ce désordre par la mort de Jésus, la personne humaine peut se voir non plus comme sujet passif mais comme agent actif de son destin. Pour ce faire, il faut se centrer sur le mystère de la création plutôt que sur celui de la rédemption.

APPELÉ À ASSUMER SON DÉSORDRE

Dans le christianisme, la création est pensée comme le mystère par lequel l'humain est fait à l'image de Dieu, mais nous devons préciser que dans les faits, nous sommes davantage faits selon son ébauche qu'à son image. Comme cela devient vite évident lorsque nous observons le comportement concret des humains, la création est un processus inachevé. Tout se passe comme si, en nous faisant le don de la vie, Dieu nous avait fait un cadeau du style «faites-le vous -même» plutôt qu'un cadeau tout assemblé.

Le psychologue américain William James écrit dans ce sens que «l'évolution normale du caractère consiste principalement dans la mise en ordre et l'unification du soi». Nos sentiments variés et nos impulsions diverses «apparaissent d'abord en nous à l'état de chaos, et doivent finir par former un système stable de fonctions bien ordonnées entre elles». C'est pourquoi «le processus par lequel on remédie à cette incomplétude intérieure et l'on réduit cette discorde intérieure est un processus psychologique général» et qu'il est un peu normal que le fait de se sentir malheureux soit associé à cette démarche laborieuse d'acquisition de son unité intérieure.[9]

C'est ainsi un triple mandat que l'humain reçoit de son Dieu créateur au jour de sa naissance, à savoir: le mandat de la réalisation de soi, en apprenant à se découvrir et à se prendre en charge, le mandat de la rencontre d'autrui, en apprenant à reconnaître autrui et à faire communauté avec lui, et le mandat de l'insertion dans le cosmos, en apprenant à interagir harmonieusement avec son environnement physique.

Avec la théorie de l'évolution, les chrétiens ont appris à repenser le mystère de la création de l'humain «le sixième jour» dans les termes d'un long processus biologique. Avec les théories psychologiques de la maturation affective et de la croissance morale, on est amené à comprendre également que le processus créateur de Dieu est un processus inachevé qui est appelé à se compléter dans le temps.

Or, il est fort possible qu'il faille repenser le mystère de la rédemption de la même façon, à savoir non pas comme un acte unique, ponctuel, daté (le vendredi saint à trois heures de l'après-midi), mais comme un long processus qui s'est étendu sur des millénaires pour l'ensemble de l'humanité, et qui s'étend sur la totalité de chaque existence humaine.

LE SALUT COMME PROCESSUS

À la limite, création et rédemption deviennent le recto et le verso d'un même mystère, qui est le mystère du long processus de croissance auquel les humains sont conviés. Il y a dans la Bible énormément de matériel permettant de situer les choses dans cette perspective. En voici quelques exemples.

Hébreux 1, 1-2: «Après avoir, à bien des reprises et de bien des manières, parlé autrefois aux pères dans les prophètes, Dieu, en la période finale où nous sommes, nous a parlé à nous en un Fils qu'il a établi héritier de tout...»: la révélation de Dieu menée à son terme en Jésus était un processus commencé depuis longtemps...

Jean 1, 1-3: «Au commencement était le Verbe, et (...) le Verbe était Dieu. (...) Tout fut par lui et rien de ce qui fut, ne fut sans lui.»: le processus de révélation divine réalisé en Jésus se trouve intimement associé au processus créateur de l'univers.

Ce lien entre le Christ et la création revient aussi explicitement dans le texte d'*Hébreux* cité plus haut: Dieu «nous a parlé à nous en un Fils qu'il a établi héritier de tout, par qui aussi il a créé les mondes».

Galates 5-6: Cette lettre porte essentiellement sur le salut ou la rédemption par la foi au Christ. Le chapitre 5 commence ainsi: «C'est pour que nous restions libres que le Christ nous a libérés.» (5,1). Et à cette affirmation de fond fait écho le dernier verset du chapitre suivant, qui formule l'affirmation de fond complémentaire: «Il s'agit d'être une créature nouvelle.» (6, 15). Être racheté par Jésus, c'est être remis sur la piste de sa propre création, c'est se trouver remandaté au triple apprentissage de la réalisation de soi, de la communion fraternelle et de l'insertion harmonieuse dans le cosmos.

Marc, 8, 36: «Que sert donc à l'homme de gagner le monde entier s'il ruine sa propre vie?». *Luc* 12, 15: «Au sein même de l'abondance, la vie d'un homme n'est pas assurée par ses biens.» *I Corinthiens* 13, 2: «Quand j'aurais la plénitude de la foi, une foi à transporter les montagnes, si je n'ai pas la charité, je ne suis rien.» Cette juxtaposition de textes nous fait comprendre que l'abondance des biens matériels ou même spirituels (la «plénitude de la foi» en Jésus mort et ressuscité pour mon salut) ne nous dispense pas de mener à terme le processus créateur dans notre vie. On peut croire sincèrement au salut en Jésus et ruiner sa vie. La rédemption est stérile si elle ne vient pas dynamiser le processus créateur en nous, dans sa triple dimension explicitée plus haut.

Isaïe 44, 24-28: «Ainsi parle Yahvé, ton Rédempteur, celui qui t'a formé dès le sein maternel: C'est moi, Yahvé, qui ai tout fait, qui, seul, ai déployé les cieux. J'ai affermi la terre, et qui m'y aidait?» La création est la première étape de l'histoire du salut. Cette affirmation est fréquente chez les théologiens bibliques, mais elle risque de donner lieu à un malentendu, car on n'est pas créé pour être sauvé, mais l'inverse: être sauvé, c'est être remis en contact avec le dynamisme créateur de Dieu, c'est être reconvoqué à l'appel créateur de Dieu. C'est pourquoi les appels à la conversion, à la prise en charge de soi-même selon le projet de Dieu, accompagnent fréquemment la référence à la rédemption et à la création : «Israël : tu es mon serviteur, je t'ai façonné comme serviteur pour moi ; toi, Israël, tu ne me décevras pas : j'ai effacé comme un nuage tes révoltes, comme une nuée, tes fautes ; reviens à moi, car je t'ai racheté.» (*Isaïe* 44, 21-22).

Ezéchiel 36, 25-27 : «De toutes vos souillures et de toutes vos idoles je vous purifierai. Et je vous donnerai un coeur nouveau, je mettrai en vous un esprit nouveau... Je mettrai mon Esprit en vous et je ferai que vous marchiez selon mes lois et que vous observiez et suiviez mes coutumes...» Être racheté, c'est être créé de nouveau, c'est recevoir l'Esprit-énergie comme le chaos primitif a reçu l'Esprit créateur. C'est recevoir l'énergie nécessaire pour assumer le triple défi primordial de la réalisation de soi, de la communion fraternelle et de l'insertion harmonieuse dans le cosmos.

LA FOI CHRÉTIENNE RÉÉQUILIBRÉE

Cette mise en perspectives bibliques permet d'opérer un rééquilibrage important dans la foi chrétienne, les croyants étant trop facilement portés à localiser le centre de gravité de leur foi dans la croix de Jésus, au détriment de l'accueil des défis lancés par le Dieu créateur. Dans ces perspectives, le projet fondamental de Dieu demeure de susciter des fils et des filles qui finissent par lui ressembler parfaitement, de sorte qu'on peut dire que la rédemption est la dernière étape de l'histoire de la création aussi bien que l'on dit que la création est la première étape de l'histoire du salut.

Ces perspectives permettent également d'évacuer toute idée de bouc émissaire ou de substitution des souffrances du Christ à nos souffrances. La création et la rédemption étant les deux facettes du mystère par lequel Dieu donne la vie aux humains, on détruirait l'idée de don si l'on affirmait, comme il arrive souvent, que Jésus a dû s'offrir en victime pour nos péchés. Une telle affirmation équivaut en effet à dire que Dieu ne nous donne pas le salut, mais qu'il l'échange contre la vie de Jésus. Pareillement, un rééquilibrage de la foi chrétienne en direction de la création permet de prendre ses distances par rapport à l'imagerie de l'agneau pascal, laquelle imagerie est trop associée à l'idée de sacrifice. Car Dieu récuse les sacrifices, sachant bien que ce qui fait débloquer la personne, ce n'est pas un rituel sanglant mais la remise en question et la prise en charge de son existence, ou autrement dit la conversion. «Que m'importent vos innombrables sacrifices? (...) Vos mains sont pleines de sang, lavez-vous, purifiez-vous. (...) Apprenez à faire le bien, recherchez le droit...» (*Isaïe* 1, 11 ss.).

Ce rejet des sacrifices par Dieu fait dire à un théologien biblique: «Quand nous cherchons à vérifier dans la mort du Christ toutes les conditions requises pour un holocauste expiatoire, nous faisons preuve d'une mentalité étrangement judaïque. Quelle logique y aurait-il dans la pensée de Dieu si, ayant, renoncé aux holocaustes, il exigeait néanmoins un sacrifice sanglant comme prix du salut?»[10]

La *Lettre aux Philippiens* nous indique que si Dieu a accueilli le cheminement de Jésus, c'est que, pour reprendre le vocabulaire d'Isaïe, Jésus a «appris à faire le bien», qu'il a, au coeur de son insertion sociale, «recherché le droit», bref, qu'il a été obéissant, c'est-à-dire docile aux apprentissages, fidèle à ce qu'il devait apprendre, jusque dans la mort: «S'étant comporté comme un homme, il s'humilia plus encore, obéissant jusqu'à la mort, et à la mort sur une croix! *Aussi* Dieu l'a-t-il exalté...» (2, 7-9).

Le *Psaume* 51 projette une lumière analogue sur l'itinéraire de Jésus: «Tu n'aimerais pas que j'offre un sacrifice, tu n'accepterais pas d'holocauste. Le sacrifice voulu par Dieu, c'est un esprit brisé.» (versets 18 et 19). Comme le contexte l'indique, ce qui est voulu par Dieu et qui est symbolisé par l'esprit brisé, c'est une expérience de conversion, c'est-à-dire de remise en question, ce qui permet au sujet d'avancer de plus en plus dans sa recherche et son cheminement, en se réajustant constamment au fil de ses nouvelles prises de conscience.

Au sens moral, la conversion est associée au péché, par rapport auquel elle se présente comme une rupture. Mais au sens psychologique, la conversion est d'abord et avant tout un processus de réajustement consécutif à une prise de conscience, de sorte que pour se convertir, il n'est pas nécessaire qu'on ait fait une faute, mais il suffit qu'on se fasse docile (obéissant) face aux leçons des événements qui nous affectent. Dans ce sens, ce que Jésus a offert à Dieu et ce qui a été accueilli par Dieu, c'est la constance dans ses remises en question, sa vigilance face à ce qui se passait autour de lui et au-dedans de lui, sa fidélité à aller au bout de ses appels intérieurs.

LES APPRENTISSAGES PÉNIBLES

Et ces expériences de conversion, ces démarches d'apprentissage, la *Lettre aux Hébreux* nous dit qu'elles furent pénibles pour Jésus: «Le Christ, tout Fils qu'il était, apprit, de ce qu'il souffrit, l'obéissance.» (5, 8). La façon la plus simple de comprendre ce texte est de dire que Jésus a souffert non pas parce que Dieu tenait spécialement à ce qu'il souffre, mais tout simplement parce que la souffrance fait partie intégrante de la condition humaine et qu'on ne peut pas apprendre son humanité sans souffrir.

Dans ces perspectives, dire que Jésus «a souffert à notre place» équivaut à dire qu'il a appris notre humanité à notre place, ce qui est de toute évidence absurde. Au fond du débat réincarnation — foi chrétienne on retrouve donc la question de l'attitude face à la souffrance humaine. Plus la foi chrétienne est utilisée comme un système pour éviter la souffrance, plus la réincarnation sera perçue comme incompatible avec cette foi et menaçante pour ces sujets. Inversement, plus le sujet se sera réconcilié avec sa propre souffrance, plus le débat s'en trouvera dédramatisé et plus les questions théologiques pourront être examinées sereinement à leur mérite sans interférence émotive.

En guise de conclusion à ce chapitre, on pourrait réfléchir brièvement sur le récit du péché originel et sur l'interprétation qu'on en donne souvent spontanément. On peut facilement voir dans ce récit un effort de la part des humains pour exonérer Dieu de toute responsabilité face à la souffrance humaine, pour évacuer la souffrance de son projet et la mettre tout entière sous la responsabilité des humains. La souffrance ne devait pas exister, elle n'était pas «au programme», et ce n'est que par la libre décision des humains qu'elle est «entrée dans le monde».

Mais cette interprétation ne va pas tout à fait de soi. Nous aimons parfois croire que Dieu a créé un monde parfaitement bon («Dieu vit tout ce qu'il avait fait: cela était très bon.» *Genèse*, 1, 31). Mais imaginons quelqu'un qui a fait une maison de toute beauté et de tout confort et qui nous dit en nous en remettant les clés: il y a juste un petit problème mineur: il y a dans la maison un petit serpent qu'on ne peut pas tuer et dont la morsure est mortelle. Il affectionne les sofas, les draps et les armoires, mais ce n'est pas très grave, il suffit de faire attention. Qui oserait dire qu'une telle maison est «très bonne»?

Et surtout, qui oserait dire que c'est sa faute s'il finit par se faire mordre, le lendemain, six mois ou cinq ans plus tard? Thomas d'Aquin est d'avis que les humains ne pouvaient pas éviter la faute originelle. Adam et Ève auraient pu y arriver en se forçant beaucoup. Mais Caïn et Abel y auraient succombé, ou leurs enfants; ou les enfants de leurs enfants... Cela signifie qu'il était fatal que les humains s'aperçoivent un jour du fait qu'ils vivent dans un monde miné par leurs propres fragilités et leurs propres convoitises (symbolisées par le serpent... ou projetées dans le serpent!).

Tenir au mythe du paradis terrestre, c'est donc refuser que la croissance humaine puisse se faire sans effort, sans anxiété, sans culpabilité, sans hésitations et sans erreurs.

Inversement, le jour où on s'est réconcilié avec la souffrance humaine, la faute d'Adam cesse d'être un accident ou un acte malicieux dont il aurait bien dû s'abstenir, et le comportement d'Adam et d'Ève apparaît foncièrement humain.

Le récit de la *Genèse* nous dit qu'à un moment donné, «leurs yeux s'ouvrirent». Il est fatal que tôt ou tard, on finisse par perdre ses illusions et qu'on doive se confronter au problème de ses limites, de sa pesanteur, de son ambition, de sa convoitise, de sa jalousie... Le mythe de la faute originelle vient éveiller en nous la nostalgie du paradis perdu. Mais la perte de nos illusions peut bien devenir la première étape d'un cheminement de croissance qui nous permettra de nous réconcilier avec nos contradictions, de dépasser certains de nos fonctionnements désormais perçus comme inadéquats, en un mot, de progresser dans la quête de notre humanité, de devenir partenaires de Dieu dans le projet créateur qu'il a laissé à dessein inachevé pour que nous puissions prendre la relève...

Les réflexions qui précèdent avaient pour but d'examiner de plus près certains enjeux de l'existence humaine, et n'entendaient aucunement évacuer le mystère de la rédemption. Nous reviendrons d'ailleurs sur cette question dans la quatrième section du chapitre treize.

---

1. ROBILLARD, E., *La réincarnation, rêve ou réalité?,* Montréal, Éditions Paulines, 1981, pp. 70 et 81.
2. ROBILLARD, *La réincarnation ...,* p. 81.
3. ROBILLARD, *La réincarnation ...,* p. 89.
4. ROBILLARD, *La réincarnation ...,* p. 90.
5. ROBILLARD, *La réincarnation ...,* p. 91.
6. ROBILLARD, *La réincarnation ...,* p. 135.
7. ROBILLARD, *La réincarnation ...,* pp. 132-133.
8. ROBILLARD, *La réincarnation ...,* p. 135.
9. JAMES, W., *The Varieties of Religious Experience,* New York, Collier Books, 1976 (1ère édition en 1902), pp. 146 et 150.
10. MOINGT, J., La révélation du salut dans la mort du Christ, Esquisse d'une théologie systématique de la rédemption, dans *Mort pour nos péchés, Recherche pluridisciplinaire sur la signification rédemptrice de la mort du Christ,* XXX, Bruxelles, Facultés universitaires St-Louis, 1979, p. 153.

CHAPITRE 7

Le péché comme refus d'apprendre

On définit spontanément le péché de diverses façons: comme un manquement d'amour, comme une désobéissance à Dieu, comme un refus d'agir selon sa conscience, comme le fait de céder à la convoitise ou de prétendre se suffire à soi-même, etc. Il serait intéressant de réfléchir sur la nature du péché dans les perspectives de croissance qui ont été ouvertes depuis le début du volume. Cette réflexion permettrait peut-être de clarifier ce concept qui a toujours été central dans la tradition judéo-chrétienne, et de le situer dans des perspectives réincarnationnistes.

Au seuil de cette réflexion, il serait utile de se demander si on entre au ciel quand on a fini d'expier ses péchés, ou si on entre au ciel quand on a suffisamment actualisé en soi l'image de Dieu, ou en d'autres termes quand on a suffisamment actualisé son potentiel humain. La question mérite d'être posée, car la façon dont on y répond peut mener à deux façons substantiellement différentes de concevoir l'aventure chrétienne.

L'ABSTENTION ET LA CROISSANCE

Si, pour entrer au ciel, je dois finir d'expier mes fautes passées et éviter d'en faire de nouvelles, je me retrouve plus ou moins consciemment dans une dynamique d'évitement: je dois éviter de mentir, de voler, de garder rancune, de désirer le conjoint d'autrui, de négliger mes devoirs face à Dieu, etc. Le mal est quelque chose d'objectif, que j'ai devant moi ou à la limite en moi, et dont il faut que je m'abstienne.

Par ailleurs, si pour entrer au ciel je dois actualiser l'image de Dieu en moi, je fonctionnerai moins en termes de «choses» à éviter que de défis à relever. J'aurai moins peur alors de perdre quelque chose: l'état de grâce et à la limite le ciel, et je serai davantage préoccupé d'élargir mon champ de conscience et d'accroître la richesse et la fécondité de mon vécu. On retrouve ainsi les deux dynamiques psychologiques distinguées par Jésus dans la parabole des talents, le premier serviteur étant centré sur la perte à éviter, et les deux autres serviteurs étant centrés sur la croissance à assumer dans le risque.

Or, on peut désigner par *processus d'apprentissage* toutes les actions que je devrai poser pour élargir mon champ de conscience et accroître la richesse et la fécondité de mon vécu. Ces différents processus d'apprentissage pourront avoir une dominante cognitive, lorsque j'apprendrai par exemple à comprendre différentes facettes du réel, devenant ainsi davantage sage, à l'image d'un Dieu de sagesse.

Ces processus pourront avoir à d'autres moments une dominante interpersonnelle ou sociale, par exemple lorsque j'apprendrai à donner à quelqu'un une deuxième chance ou à intervenir pour qu'on respecte les droits des autres, devenant ainsi davantage à l'image d'un Dieu de miséricorde et de justice.

Et ces processus pourront avoir à d'autres moments une dominante affective, par exemple lorsque j'apprendrai à me faire attentif à la complexité de mes mécanismes intérieurs et de leurs interrelations, devenant ainsi davantage à l'image d'un Dieu parfait, c'est-à-dire parfaitement intégré (dans la phrase «Vous serez parfaits comme votre Père céleste est parfait», le mot grec qui est traduit par *parfait* signifie en anglais *comprehensive*, c'est-à-dire le fait d'avoir intégré, harmonisé les différentes dimensions de son être).

Dans ces perspectives, le péché serait moins le fait de «faire» des choses pas correctes que le fait de refuser d'apprendre ce qu'il me faut apprendre pour en venir progressivement à ressembler à Dieu, en ayant actualisé les différentes dimensions de mon potentiel humain.

FRANCHISE ET TRANSPARENCE, HONNÊTETÉ ET JUSTICE

Deux exemples vont illustrer la différence significative entre ces deux approches du cheminement humain. «Tu ne mentiras pas.» (dans l'approche de l'abstention) versus «Je dois apprendre la transparence.» (dans l'approche de la croissance). Éviter de mentir, c'est éviter de dire le contraire de ce qu'on sait, dans l'intention de tromper l'autre. Ce n'est pas toujours facile, mais on peut y arriver plus souvent qu'autrement. Et entre les moments assez rares où on est susceptible de «conter un vrai mensonge», on peut respirer en paix.

Mais apprendre la transparence, ce n'est pas aussi simple. Il ne s'agit plus seulement d'éviter de vouloir tromper autrui, mais de faire en sorte que normalement, autrui sache clairement où j'en suis par rapport à lui. Ceci n'est pas simple parce qu'il faut d'abord que j'apprenne à faire confiance à autrui (ce qui n'est prescrit par aucun «commandement de Dieu»), et plus encore, à savoir moi-même ce qui m'habite face à autrui: rancune, tendresse, désir physique, peur, etc. (ce à quoi aucun commandement ne m'oblige non plus).

Deuxième exemple: «Tu ne prendras pas le bien d'autrui.» (dans l'approche de l'abstention) versus «Je dois apprendre la justice.» (dans l'approche de la croissance). Éviter de prendre le bien d'autrui, c'est éviter de devenir plus ou moins secrètement propriétaire de quelque chose qui de toute évidence ne m'appartient pas. Ce n'est pas toujours facile, mais on peut y arriver plus souvent qu'autrement. Et entre les moments assez rares où on est susceptible de «commettre un vrai vol», on peut respirer en paix.

Mais apprendre la justice, ce n'est pas aussi simple. J'ai dûment payé mon café et mes bananes. Mais ils proviennent de la terre dont un paysan tirait autrefois sa subsistance et dont il a été délogé par la force pour qu'elle devienne une grande plantation pour l'exportation. Par intermédiaires interposés, je suis complice de ceux qui ont du sang sur les mains, bien que j'aie honnêtement payé mon café ou mes bananes.

Je puis refuser de m'engager dans le difficile apprentissage de la justice sociale, en me disant que ce n'est pas ma faute à moi et que de toute façon je n'y puis rien, tout comme, dans le premier exemple, je pouvais refuser de m'engager dans le difficile apprentissage de la transparence, en me disant qu'autrui n'a pas à connaître tous mes états intérieurs, etc. Mais dans les deux cas il y a péché, du moins selon la deuxième approche.

On peut ainsi définir le péché comme un apprentissage que je devais faire (pour actualiser mon humanité), que je n'ai pas fait (dans cette vie-ci) et que je devrai faire un jour (dans une autre vie ou un autre environnement que les catholiques appellent le purgatoire).

Sous le refus d'apprendre, on peut voir le refus du mandat ou de la vocation reçue de Dieu, et donc le refus de se reconnaître comme créature appelée à la croissance par son créateur. La Bible définit le péché de multiples façons, mais le commun dénominateur des diverses approches est la révolte contre Dieu. Sous chaque péché, il y a un geste d'incrédulité, c'est-à-dire le refus de se situer par rapport à Dieu, de reconnaître la réalité de Dieu. Et qui dit incrédulité dit désobéissance, c'est-à-dire manque de docilité. Or, la docilité est la disposition à apprendre. C'est pourquoi il est tout à fait biblique de définir le péché comme le refus d'apprendre ce que signifie concrètement, dans chaque dimension de sa vie, le fait d'être fils ou fille de Dieu.

LES SÉQUENCES D'APPRENTISSAGE

La vie est ainsi une séquence de cycles d'apprentissages qui s'enchaînent les uns aux autres, étant donné que je ne peux pas tout apprendre en même temps et que je dois concentrer mon énergie sur un nombre restreint d'objectifs d'apprentissages à la fois. Il s'ensuit qu'il peut y avoir dans ma vie des performances qui laissent beaucoup à désirer sans que j'en sois nécessairement coupable. En d'autres termes, il y a dans ma vie des défis de croissance que je laisse en friche parce que je n'en suis pas conscient, mobilisé que je suis par d'autres apprentissages. Cette inconscience relative me permet de mener à terme les apprentissages commencés, avant d'en entreprendre d'autres.

Je puis avoir appris à me battre contre l'injustice mais priver encore mes proches des trésors de tendresse qui dorment en moi. Je puis avoir appris l'intériorité, mais ne pas savoir encore que je pourrais contribuer à humaniser un monde de violence. Je puis avoir développé une conscience écologique très vive mais avoir encore un niveau de vie qui est une insulte pour les pauvres de la planète, etc.

Mais vient un temps où, ayant complété un cycle d'apprentissage dans certains domaines, j'ai le choix entre végéter dans le confort de mes vieux acquis ou m'affronter à de nouveaux défis. Et c'est ici qu'on peut rejoindre une ancienne distinction entre l'ignorance invincible et l'ignorance *vincible*. Prise au sens large, l'ignorance invincible correspond à un fonctionnement inadéquat de ma part, mais que je ne puis modifier parce que je ne dispose pas présentement des ressources nécessaires à cet effet.

Par «absence de ressources nécessaires», on peut comprendre au moins trois choses différentes. Je puis tout simplement ne pas être conscient du fait que je domine ma conjointe. Je suis convaincu que je vis avec elle une relation d'égalité et je ne vois aucun de mes comportements qui nient cette égalité. Je puis au contraire être conscient du fait que je suis porté à dominer ma conjointe, mais sans comprendre la raison qui me fait agir ainsi (par exemple le fait que j'ai un très grand besoin de me sentir meilleur qu'elle). Je puis enfin, et c'est probablement la situation la plus pénible pour moi, être parfaitement conscient du *fait* que je domine ma conjointe, et de plus, connaître passablement bien les *raisons* de ce comportement (par exemple, le fait que j'aie une image très fragile de moi-même et que j'aie un constant besoin de rehausser cette image en me montrant meilleur que les autres). Mais la conscience de mon comportement et de sa dynamique sous-jacente ne me donne pas nécessairement la capacité de changer immédiatement, et il arrive souvent que j'aie à vivre un certain temps dans la conscience pénible de mes contradictions et de mes limites personnelles, avant d'avoir finalement accès aux ressources personnelles nécessaires pour changer. Les moralistes traditionnels diraient alors que mon comportement est objectivement inadéquat mais qu'il n'est pas coupable; en d'autres termes, il n'y a pas de péché.

Inversement, je peux avoir un fonctionnement inadéquat qu'il serait en mon pouvoir de modifier, si j'investissais mon énergie disponible dans l'apprentissage d'un fonctionnement plus adéquat. Mais parce que j'ai peur de l'effort impliqué dans l'apprentissage et le changement, je décide de ne pas me faire attentif à ce besoin de prise en charge et de vivre dans une inconscience entretenue. Parce que cette inconscience est modifiable, les anciens diraient: parce que cette ignorance est *vincible*, il y a péché. Le tableau suivant illustre ces deux phénomènes.

TABLEAU 1: *Absence de péché et péché.*

FONCTIONNEMENT INADÉQUAT	FONCTIONNEMENT INADÉQUAT
Ressources personnelles non disponibles pour changer	Ressources personnelles disponibles pour changer
Malgré les apparences peut-être, le sujet fait son possible.	Le sujet ne fait pas son possible pour évoluer.
Il n'y a pas de péché.	Il y a péché.

Il est donc possible de vivre avec une conscience endormie, c'est-à-dire avec une conscience qui ne nous avertit plus que nous serions désormais mûrs pour de nouveaux apprentissages dans tel ou tel secteur de notre existence. Le fait de ne pas se sentir coupable ne signifie donc pas nécessairement qu'il n'y a pas péché, car on peut se trouver dans une situation de «guilty guiltlessness» où on serait moralement coupable de ne pas se sentir psychologiquement coupable.

La morale n'est donc pas une affaire exclusivement subjective, bien que la subjectivité inévitable de toute situation concrète nous interdise de porter un jugement absolu sur la présence ou l'absence de péché, dans notre cas aussi bien que dans celui d'autrui. Les moralistes catholiques affirment qu'il y a des fautes objectives, c'est-à-dire des fonctionnements objectivement inadéquats. Mais ils affirment en même temps qu'on ne peut jamais être certain qu'un individu précis, qui présente ce fonctionnement inadéquat, soit effectivement coupable, étant donné qu'on ne peut savoir avec certitude s'il est suffisamment conscient de son fonctionnement, et s'il a les ressources nécessaires pour changer.

Il faut par ailleurs inverser la proposition et dire qu'on ne peut jamais être sûr qu'un sujet donné, dont le fonctionnement est inadéquat, n'est pas coupable, c'est-à-dire qu'il n'est pas capable de prendre conscience de son fonctionnement et qu'il n'a pas les ressources requises pour changer.

Il est donc plus prudent de s'abstenir de se déculpabiliser (ou de déculpabiliser autrui) aussi bien que de se culpabiliser (ou de culpabiliser autrui). De toute façon, l'important n'est pas de déterminer si on est excusable ou si on a eu tort d'avoir agi comme on a agi, mais d'identifier quels sont les apprentissages désormais possibles et de s'y investir avec détermination.

SÉRÉNITÉ ET ENGAGEMENT

Un Oriental pourrait dire pareillement qu'il importe plus d'accueillir mon dharma, c'est-à-dire l'appel de ce qui doit être, que de m'interroger sur mon karma, c'est-à-dire sur l'origine des conditionnements qui me servent de point de départ. La problématique chrétienne et la problématique orientale se retrouvent toutes deux bien résumées dans la prière suivante, qui circule beaucoup : « Seigneur, donne-moi le courage de changer ce que je devrais changer, donne-moi la sérénité d'accepter ce que je ne peux changer, et donne-moi la sagesse de distinguer entre les deux. »

Cette prière peut nous faire comprendre deux choses. Dans l'approche chrétienne d'abord, il n'est pas facile de distinguer entre le temps où il s'agit de vivre avec ses limites et ses contradictions personnelles, et le temps où on est mûr pour s'y attaquer et apprendre à les dépasser. Dans ce sens, le péché n'est pas d'avoir des problèmes : le fait de porter ses problèmes est même une vertu que l'apôtre Paul appelle la longanimité (*Galates* 5, 22). Le péché, c'est de ne pas passer à l'action lorsque ses péchés deviennent solubles. « Si vous étiez aveugles, vous n'auriez pas de péché ; mais vous dites : 'Nous voyons !' Votre péché demeure. » (*Jean* 9, 41).

Hier, un commerçant dont l'entreprise est passablement prospère me parlait de sa souffrance face à l'oppression et à la répression. Ce Néo-Québécois a de nombreux apprentissages à son compte : il a appris à s'insérer dans la société québécoise, à bâtir sa relation de couple, à éduquer deux ou trois enfants, à monter une entreprise commerciale, etc. Pendant toutes ces années, il a consacré peu d'énergie et d'argent pour intervenir en faveur des opprimés, ce qui est probablement compréhensible dans son cas, vu qu'il était largement mobilisé ailleurs. Pour parler d'une façon traditionnelle, il n'a peut-être pas péché contre la justice sociale jusqu'ici.

Mais son inconscience sociale est en train de se fissurer, et son inconfort devant son inaction devient de plus en plus grand. On peut ainsi penser qu'il est mûr pour une conversion, c'est-à-dire pour une remise en question de son inaction et pour l'exploration de façons de s'informer plus précisément sur des formes concrètes d'injustice sociale et pour l'exploration également de façons d'intervenir contre cette injustice qui conviennent à sa situation personnelle.

Si l'on revient à la prière citée plus haut, on peut également comprendre à partir de celle-ci l'affirmation orientale du karma, qui pourrait se définir ici comme les conditionnements négatifs engendrés par mes fautes passées. Mes refus antérieurs d'apprendre, qui se sont traduits par des fonctionnements inadéquats par lesquels j'ai fait souffrir autrui, engendrent présentement des conditions de vie où il me sera désormais encore plus difficile d'entreprendre mes apprentissages.

L'expiation de mes fautes passées (l'extinction de mon karma) se traduira donc par le caractère douloureux des différents conditionnements qui m'affectent: mon fonctionnement psychologique, ma situation sociale, mon état de santé, etc. Le poids de ces conditionnements pourra être tel que pendant un certain temps, je ne pourrai que porter ce fardeau, qu'«endurer ce que je ne peux changer», que «porter ma croix». Mais viendra un temps où je pourrai apprendre à modifier l'un ou l'autre de ces conditionnements, et je devrai alors passer à l'action, en conformité avec mon dharma, c'est-à-dire avec ce qui est attendu de moi.

En résumé, hindous et bouddhistes croient que les différents apprentissages requis pour l'épanouissement total de notre être deviennent plus difficiles dans la mesure où ils sont remis à plus tard par inconscience coupable, par peur de l'effort et par attachement aux plaisirs immédiats. Dans ce sens, lorsqu'un défi se présente à nous, le meilleur moment pour le relever, c'est maintenant.

Quant à la pensée catholique sur le purgatoire, elle correspond sensiblement à cette position, puisqu'elle affirme qu'on devra faire plus tard ce qu'on aura négligé de faire maintenant, et que le déroulement de cette démarche sera beaucoup plus pénible alors que maintenant. Nous préciserons dans les prochains chapitres cette question du purgatoire.

CHAPITRE 8

Le purgatoire comme poursuite de la croissance

Si l'on se place dans le cadre de référence traditionnel-lement utilisé par les catholiques, on est amené à dire que la grande majorité des personnes qui meurent sont à la fois trop bonnes pour aller en enfer, mais pas assez bonnes pour aller au ciel. Il est ainsi à prévoir que la plupart d'entre nous arriverons au terme de notre existence présente avec un certain nombre de choses non terminées.

Par exemple, je ne serai pas allé au bout de ma récon-ciliation avec un de mes proches, je n'aurai pas réussi à adopter un style de vie compatible avec le fait que les deux tiers de l'humanité vivent dans des conditions infra-humaines, je n'aurai pas réussi à harmoniser profondément ma sexualité, je n'aurai pas trouvé une façon efficace de faire reculer l'injustice dans mon milieu, je n'aurai pas trouvé le temps de me faire enfin attentif à certaines inter-rogations profondes qui m'ont longuement habité, etc.

CINQUANTE ANS POUR APPRENDRE

La raison principale de cette situation de «choses non terminées» est bien sûr la brièveté de mon existence physi-que. Si l'on tient compte de la longévité moyenne de la vie qui est effroyablement brève dans certains pays en voie de développement, on arrive à une longévité moyenne ap-proximative de cinquante ans pour les humains vivant pré-sentement sur la planète. Au départ, on doit convenir que cinquante ans, c'est bien court pour terminer l'apprentis-sage des différentes dimensions de mon humanité, mais ce laps de temps qui m'est imposé au départ et qui est déjà très bref en lui-même, se trouve considérablement réduit par d'autres facteurs qui, eux, relèvent davantage de ma

responsabilité propre. Par exemple, ma tendance à me laisser porter par des habitudes de vie qui restreignent mes occasions de croissance en limitant mes horizons; l'inconscience relative dans laquelle je préfère m'entretenir, autant
en ce qui a trait aux questions sociales qu'aux questions
que je porte en moi, dans le but de sauvegarder mon confort psychologique immédiat; la négligence à me confronter
à certains défis de croissance que j'ai clairement identifiés
dans ma vie mais que je reporte continuellement à la
semaine ou à l'année prochaine, à la fois par peur de l'inconnu et par peur de l'effort.

Ces brèves réflexions nous permettent de définir
globalement le purgatoire, avec le théologien Rahner, comme le processus pénible par lequel nous serons amenés à
éliminer le décalage entre ce que nous étions appelés à
devenir, et ce que nos actes et nos omissions auront fait de
nous.[1] En d'autres termes, la pensée catholique veut que si
nous quittons cette vie avec une humanité encore à l'état
d'ébauche, nous devrons (insistance sur l'aspect justice) ou
il nous sera donné de (insistance sur l'aspect miséricorde)
reprendre nos tâches négligées ou interrompues pour les
mener à terme, et ce, pour notre plus grand bien.

Malgré l'insistance postérieure sur «la justice de Dieu à
satisfaire», cet aspect de réhabilitation ou d'achèvement de
notre processus d'humanisation est attesté très tôt dans la
pensée chrétienne, notamment chez des auteurs du
troisième siècle comme Clément et Origène. Ce dernier
écrit: «Les âmes (du purgatoire) reçoivent, dans la prison,
non pas la rétribution de leur folie, mais un bienfait consistant dans la purification des maux contractés dans leur
folie.»[2] (Le mot âme représente globalement la dimension
non physiologique de la personne humaine, c'est-à-dire
son esprit, ses capacités extra-sensorielles, sa conscience...).

On pourrait ainsi se représenter de la façon suivante
l'enjeu du purgatoire. La personne humaine possède, inscrite en elle, une tendance instinctive à actualiser la totalité

de son potentiel ou, en termes religieux, à accueillir totalement l'amour créateur de Dieu en elle. Mais cette tendance actualisante n'a pas toujours la possibilité de se déployer totalement, pour des raisons qui relèvent en bonne partie des choix du sujet. C'est pourquoi il est prévu une suite à cette première étape de croissance.

LA RÉSISTANCE À APPRENDRE

En vertu du dynamisme de la tendance actualisante, la personne humaine s'oriente fondamentalement vers la réalisation de son être (ou la réalisation de l'image de Dieu en elle), ce qui correspond à ce que certains théologiens appellent «l'option fondamentale» du sujet pour Dieu, le oui fondamental au projet de Dieu sur soi. Mais ce projet rencontre des obstacles, il se trouve freiné par la tentation du confort physique et psychologique et par la peur du dérangement, de la remise en question et de la souffrance.

Il arrive plus ou moins souvent que le sujet cède à ces diverses tentations et à ces diverses peurs, ce qui est une autre façon de dire que la croissance humaine ne s'effectue pas sans résistance et qu'il y a quelque chose de pénible dans le fait de tenter d'inscrire dans la durée et de déployer dans ses différentes implications son orientation fondamentale à la vie et à la croissance.

On peut interpréter dans ce sens l'expression classique de «peine temporelle due au péché». Nos péchés, c'est-à-dire nos refus de remise en question et de croissance, se traduisent par un poids, un frein, ils ont pour effet de rendre plus laborieux le redéploiement de notre tendance actualisante. Celle qui a gardé le lit pendant des semaines a du mal à se remettre à marcher. Celui qui a été séducteur et manipulateur pendant des années a du mal à réapprendre ou à apprendre la transparence. Celle qui a été autoritaire et dominatrice pendant vingt-cinq ans a du mal à apprendre l'égalité dans les relations interpersonnelles. Celui qui a organisé son existence (et celle des siens!)

autour de son moi a du mal à apprendre l'oubli de soi et la centration sur autrui, etc.

C'est pourquoi Rahner définit la «satisfaction de la peine temporelle due au péché» qui doit survenir soit maintenant, dans cette existence-ci, soit plus tard, comme «un processus de maturation de la personne par lequel toutes les potentialités de l'être humain s'intègrent graduellement et lentement autour de la décision fondamentale de la personne libre».[3]

La «peine temporelle due au péché» devient ainsi une autre façon de désigner le temps et l'énergie requis pour mener à terme un processus de conversion. La peine évoque un investissement pénible d'énergie, rendu nécessaire par des mauvais choix posés antérieurement. J'ai résisté aux appels de mon être à la croissance et j'ai développé plus ou moins consciemment des modes de fonctionnement inadéquats. Je m'aperçois maintenant que ces modes de fonctionnement sont porteurs de mort et je veux évoluer désormais vers des modes de fonctionnement davantage porteurs de vie. Mais mes résistances se sont structurées et ce sont maintenant elles qui me résistent!

À partir du moment où je veux sortir du cul-de-sac de mes mauvais choix antérieurs, je me heurte aux barreaux de la prison que j'ai moi-même forgés, ou, pour être moins dramatique, je retombe dans les ornières que j'ai moi-même creusées. C'est ce que les théologiens appellent parfois la «justice immanente» de Dieu, ce qui correspond à la conclusion de Rahner à l'effet que «en un certain sens, le péché engendre sa propre punition.»[4]

Dès lors, si le sujet doit «expier ses péchés», cela peut être compris autrement qu'en étant soumis à la «justice vindicative de Dieu», qu'en s'employant à éteindre la «dette infinie contractée envers Dieu», ou qu'en assumant la «punition infligée par la justice divine». Ces formulations présentent toutes l'inconvénient de laisser entendre que Dieu tiendrait à «régler lui-même ses comptes» avec le pécheur, dans une dynamique d'«oeil pour oeil, dent pour dent», alors qu'on peut très bien rendre compte du phénomène impliqué dans le concept de purgatoire en évitant toute intervention directe de Dieu.

Il faut même aller plus loin et dire que si Dieu n'intervient pas pour punir, il ne saurait intervenir non plus pour exempter de la punition, ce qui est la position commune des théologiens: «L'expiation offerte par le Christ ne supprime pas nécessairement au pécheur rentré en grâce l'obligation d'une satisfaction personnelle pour les fautes commises après le baptême et pardonnées par la pénitence.»[5]

LES FONCTIONS DU PURGATOIRE

Nous allons maintenant faire un tour d'horizon sommaire des différentes fonctions que les auteurs catholiques attribuent au purgatoire.

FONCTION D'EXPIATION: Selon la position la plus fréquente, le purgatoire ne sert qu'à expier les fautes au sens juridique du terme, c'est-à-dire en termes d'une dette à acquitter au Dieu qu'on a offensé. Jugie écrit: «L'expiation est une dette pour les péchés commis, qui se paye par la souffrance; c'est une réparation offerte à la sainteté et à la justice de Dieu offensées par le péché.»

Cette position, qui s'inspire des auteurs chrétiens de la tradition latine, exclut tout bénéfice personnel que le sujet pourrait retirer de sa démarche au purgatoire: «Quant on paye une dette, on ne gagne rien pour soi. Quand on répare une injustice, on n'en retire aucun profit personnel. (...) En un mot, il faut voir dans le purgatoire une liquidation du passé, non une marche ascendante vers un avenir, vers un idéal non encore atteint.»[6]

Cette position est cependant difficile à soutenir, à cause de son radicalisme même. Comment peut-on concevoir en effet qu'un être «ne retire aucun profit personnel» d'une démarche par laquelle il «liquide un passé» nocif? Il est psychologiquement inconcevable que le fait de terminer péniblement des choses non finies n'ait pas d'impact positif sur la dynamique personnelle du sujet.

Le même auteur écrit par la suite qu'au purgatoire, la vie «ne progresse plus, mais elle est libérée des entraves qui s'opposent ici-bas à l'envahissement de toute l'âme par la charité».[7] Comment un sujet peut-il cesser de résister à la tendance actualisante en lui et se voir ainsi progressivement habité par ce dynamisme vital, sans progresser en même temps dans la maturation de son être?

FONCTION DE MATURATION: C'est pourquoi un autre auteur évoque les candidats au purgatoire qui, «du fond du coeur, s'orientent vers Dieu, entendent le servir et n'appartenir qu'à lui, mais qui ne sont pas mûrs, qui sont loin d'être achevés, parfaits». C'est donc reconnaître au purgatoire une fonction de maturation, de progression dans l'enrichissement de son être: «Sur terre, on ne mûrit, on ne s'ouvre à l'amour véritable que par la souffrance intime qui purifie. Celui qui ne l'a pas fait ici-bas doit le faire dans l'autre monde.»[8]

La progression de l'être est ici clairement affirmée: «On ne saurait facilement admettre qu'un homme qui, prisonnier de ses passions, a vécu surtout pour le monde et ses plaisirs, devienne en un instant ange de lumière. Ce n'est que lentement que s'opère cette libération de toute ombre et de toute bassesse (...) et à mesure que le divin amour augmente, l'épuration se parfait.»[9]

Avec les auteurs grecs anciens, le théologien Congar exprime sa préférence pour la fonction de maturation sur la fonction d'expiation. Il s'agit pour lui du même processus de croissance qui était engagé dans la vie présente et qui se poursuit dans la vie suivante: «Pour l'Orient, il ne s'agit pas tant de peine à purger, peine dont une partie pourrait être faite ou suppléée sur terre; il s'agit d'un processus de purification et de libération engagé dans l'Église par l'oeuvre du Seigneur et qui se poursuit de l'autre côté...»[10]

Congar va plus loin et fait ressortir le fait que le purgatoire est une étape suivante dans l'expérience du salut. Rappelant que le mot hébreu «sauver» signifie «libérer, donner du large», il fait ressortir l'incompatibilité entre cette expérience de recevoir un temps et un espace pour sa croissance et le fait de recevoir un supplice imposé d'en haut par la justice de Dieu.

Être sauvé, ce n'est pas être abstrait surnaturellement de sa condition de voyageur, mais c'est au contraire recevoir l'espace, le temps et les occasions nécessaires pour mener à son terme le processus de croissance déjà amorcé: «entre Pâques et la Parousie (la fin du monde), les fidèles se purifient, se libèrent et croissent; ils apprennent et, comme le dit magnifiquement Irénée, ils mûrissent.»[11]

La tendance la plus récente chez les auteurs catholiques est d'élargir significativement les perspectives. Il n'est plus question de ne voir dans l'expérience du purgatoire qu'«une voie de garage sur la ligne qui conduit au ciel, un retard plus ou moins long imposé aux voyageurs en route vers la cité permanente».[12] Au contraire, mettant à profit les nouvelles possibilités de croissance qui lui sont offertes, «l'individu voit sa pleine personnalité émerger pour la première fois, à mesure que sa purification progressse».[13] Ceci nous amène à la troisième fonction du purgatoire.

FONCTION DE RÉAPPRENTISSAGE: Nous touchons ici au point le plus délicat dans la pensée des auteurs catholiques sur le purgatoire. Y a-t-il oui ou non progrès au purgatoire, le sujet continue-t-il oui ou non d'apprendre (ou de réapprendre) son humanité? Pour le dire en termes familiers: peut-on «se reprendre» après la mort? La réponse catholique spontanée est négative. Le théologien Ombres écrit: «La mort est finale et irrévocable. Le fait d'être au purgatoire ne constitue pas une seconde chance qui permettrait de renverser l'option fondamentale faite pour ou contre Dieu» durant la vie.

Derrière cette position, on sent le souci d'éviter que l'existence présente soit moins prise au sérieux, que l'appel évangélique à se convertir *maintenant* et à porter du fruit *maintenant* soit remis à plus tard. Et pourtant, le purgatoire nous convie à une nouvelle étape dans notre aventure:

«L'activité de salut, de justification et de libération se trouve complétée... Le Christ ressuscité a le pouvoir de nous donner *une nouvelle existence* et un nouveau sens.» (C'est moi qui souligne.)

On a vu au chapitre huit que le projet créateur de Dieu se traduisait par un long processus. Le purgatoire est parfois présenté comme une nouvelle étape dans ce processus, un peu comme si le Dieu créateur s'était réservé des occasions de reprise, selon l'image du potier: «Voilà que le potier était en train d'opérer un tour. Quand le vase qu'il fabriquait était manqué, comme cela arrive avec l'argile manipulée par les potiers, il recommençait et en tirait un autre vase, selon la coutume des potiers. Alors me fut adressée cette parole de Yahvé; 'Ne suis-je pas capable d'agir envers vous comme ce potier?'» (*Jérémie* 18, 3-6). Ombres écrit dans ce sens: «Bien qu'avec des différences, une bonne imagerie (du purgatoire) ressemblerait à celle de la création. Elle devrait contenir le moment trouble de la genèse...» Si le Christ nous donne «une nouvelle existence» et que Dieu nous recrée, on peut donc parler d'un recommencement, d'une reprise créatrice.

Mais comme on le verra au chapitre suivant, c'est ici que les auteurs catholiques s'embrouillent et se mettent à hésiter. Le cheminement de l'auteur que nous venons de citer est typique à cet égard. Le sujet au purgatoire se trouve recréé par Dieu (l'auteur cite le *Psaume* 51, où le sujet demande à Dieu de «créer pour lui un coeur pur»), mais il ne peut pas profiter de cette nouvelle énergie divine pour «organiser activement sa vie en fonction de la volonté divine». Si le sujet ne peut être actif, on peut penser qu'il sera alors passif, mais non: «Au purgatoire, l'âme n'a pas cette sorte de passivité comparable à l'arbre qui reçoit les coups d'une hache.» En fait, le sujet n'est pas passif mais capable «d'une multitude d'actions», et ceci, parce que le Dieu chrétien «est un Dieu qui opère la rédemption, qui produit de la nouveauté et de la liberté», dans le but de «placer l'âme du purgatoire dans une nouvelle relation» avec lui.

En dépit de ses hésitations, notre auteur replace l'expérience du purgatoire dans les perspectives d'ensemble du salut chrétien, où l'humain doit accueillir dans une réponse concrète ce qui est gratuitement offert par Dieu. Ombres situe ainsi l'expérience du purgatoire à partir de ce que le prophète Osée nous présente comme projet de Dieu, sous les traits d'une relation entre un homme et son épouse prostituée: «Je vais la séduire, la conduire au désert et parler à son coeur. Je lui rendrai ses vignobles, et je ferai du val d'Akor (val du Malheur) une porte d'espérance.» (*Osée* 2, 16-17).

Dieu conduit l'âme égarée dans un lieu tranquille où il peut lui faire faire des prises de conscience salutaires et lui permettre ainsi de se dégager de ses égarements pour trouver l'issue de son cheminement. Ombres conclut de ce texte que l'expérience du purgatoire «commence par l'initiative divine et se termine par la réponse du pénitent», tout cela, dans le contexte d'une «relation fondamentale entre l'âme du pénitent et Dieu».

C'est ainsi que l'essentiel de l'expérience du purgatoire est de permettre au sujet de se remettre en marche, ou, en termes plus religieux, de «permettre à l'âme de s'abandonner à la bonté et à l'attrait de Dieu». «Le purgatoire est l'achèvement de la destinée humaine, la réorganisation de la direction et de l'orientation d'une vie vécue sous la grâce mais incluant sa part de déviations, d'échecs et de résistances.»

La contribution la plus marquante de ce théologien est ainsi de nous rappeler que l'expérience du purgatoire est foncièrement une expérience humaine, et que l'être humain est essentiellement «un être en devenir, en chemin», bref, un «pèlerin».

C'est pourquoi cet auteur ne peut qu'être très sensible aux intuitions de Dante à l'effet que le purgatoire est une expérience d'apprentissage, «un lieu où l'on apprend à aimer et à être aimé». Et ceci, au point de terminer son livre sur cette citation, complétée par une autre référence à Dante, où celui-ci montre que l'apprentissage de l'amour va de pair avec celui de la liberté et que c'est donc forcément aussi une expérience qui se vit au purgatoire, de sorte que «une fois que toutes les traces du péché ont été enlevées, la personne humaine est libre, et qu'elle est au ciel».[14]

À la fin de ce tour d'horizon, on voit subsister quelque chose d'intrigant dans la pensée de nombreux théologiens sur un point de la réflexion sur le purgatoire. Il s'agit de l'affirmation à l'effet qu'après la mort, on ne mérite plus, ce qui semble devoir signifier qu'on ne grandit plus vraiment. Cette proposition contredit à première vue ce qui a été affirmé plus haut, mais il se pourrait qu'elle recèle d'autres indications sur la question du purgatoire. Nous y reviendrons donc au chapitre dix.

1. RAHNER, K., *Theological Investigations,* Vol. X, London, Darton, Longman and Todd, 1973, p. 164.
2. Cité par VON HUGEL, F., After-life problems and doctrines, dans *Life After Death — An Anthology,* Earl of Wicklow Ed., Dublin, Clonmore and Reynolds, 1959, p. 109.
3. RAHNER, K., *Theological Investigations,* Vol. II, London, Darton, Longman and Todd, 1963, p. 197.
4. RAHNER, K., *Theological Investigations*, Vol. X, p. 153.
5. JUGIE, M., article Purgatoire dans le *Dictionnaire de Théologie Catholique,* Paris, Letouzey et Ané, 1936, colonne 1184.
6. JUGIE, M., *Le purgatoire et les moyens de l'éviter,* Paris, Lethielleux, 1940. pp. 14-16.
7. JUGIE. *Le purgatoire...,* p. 60.
8. LUCAS, J., *Mystère au seuil du paradis,* Paris, Alsatia 1939, pp. 30 et 34.
9. LUCAS, *Mystère...,* pp. 83-84.
10. CONGAR, Y., Le purgatoire, dans *Le mystère de la mort et sa célébration,* Paris, Cerf, 1956, p. 303.
11. CONGAR, *Le purgatoire...,* p. 331 (voir p. 321).
12. JUGIE, *Le purgatoire*, p. 61.
13. BASTIAN, R., Purgatory, dans *New Catholic Encyclopedia*, Vol. XI, 1967, p. 1036, cité par DECELLES, C., Reincarnation: A maturation Process Like Purgatory?, dans *Sisters Today*, no. 53, 1981, p. 158.
14. OMBRES, R., *Theology of Purgatory,* Dublin, The Mercier Press, 1978, pp. 51-86.

CHAPITRE 9

Purgatoire, expériences-frontières et hypnose

Que se passe-t-il au moment de la mort, selon le scénario catholique? Deux choses: l'âme fait spontanément le point sur l'étape qui vient de se terminer, et elle s'oriente spontanément aussi là où elle doit aller. Mais les récits actuels d'expériences-frontières qui ont circulé davantage ces dernières années se présentent comme des indices à l'effet que les phénomènes en question n'existent peut-être pas uniquement dans les livres des théologiens traditionnels.

Un jeune homme me confiait récemment, alors que nous parlions de ses différentes responsabilités dans la gare de triage où il travaille, qu'il a un jour été renversé sur la voie par un wagon qu'il croyait immobilisé et auquel il tournait le dos. Étendu entre les rails alors que le wagon roulait au-dessus de lui, il me rapporta avoir vu en un éclair le film complet de sa vie, comme sur des diapositives d'une totale clarté.

Cette expérience est fréquente chez ceux qui ont «connu la mort de près», ou même qui sont allés au-delà des critères habituels de la mort clinique.[1] Quarante ans avant que de tels récits soient popularisés, Lucas écrit: «Avec la rapidité de l'éclair, l'âme voit et juge sa vie passée tout entière.»[2] Le théologien Sertillanges écrit pour sa part: «Qu'est-ce donc que venir au tribunal, pour une âme dégagée de son corps? C'est prendre devant Dieu qui l'inonde de sa lumière le sentiment de ce qu'elle est, de ce qu'elle vaut, de ce qu'elle a fait et de ce qu'elle s'est faite elle-même.» Et cette évaluation, elle porte sur chaque élément du vécu du sujet: «Tout est là à découvert: le passé et le présent, les actes et leurs motifs, les pensées, les désirs, les tendances les plus secrètes et les contentements ainsi que les regrets.»[3]

AUTO-ÉVALUATION ET AUTO-ORIENTATION

Dans un premier temps, donc, l'âme fait le point sur l'étape qui vient de s'achever, et dans un deuxième temps, elle s'oriente spontanément là où elle doit aller. Cette position d'une orientation spontanée de l'âme vers l'environnement qui lui convient est courante chez les auteurs catholiques. Le purgatoire n'est pas imposé par Dieu; il est instinctivement accueilli comme la solution la plus adéquate dans les circonstances: «Pas besoin de sentence. (...) La solution d'un problème ne se décrète pas. Elle est contenue dans les données... lorsque c'est en nous qu'est le problème, il n'est pas besoin qu'on nous apporte une solution du dehors.»[4]

Tout se passe comme si la mort ne pouvait pas désamorcer la tendance actualisante de la personne humaine, et que cette tendance trouvait instinctivement les modalités selon lesquelles elle pourra continuer à se déployer dans une étape ultérieure. C'est là l'intuition que l'on retrouve également chez une auteure du quinzième siècle: «Séparée du corps, l'âme qui ne se trouve pas dans cette netteté dans laquelle Dieu l'a créée, voyant en elle l'obstacle qui la retient et sachant qu'il ne peut être enlevé que par le moyen du purgatoire, elle s'y jette aussitôt et de grand coeur.»[5]

Pour continuer de s'exprimer avec les images familières, on pourrait dire que l'âme voit les portes du ciel toutes grandes ouvertes devant elle et opte quand même pour le purgatoire, sentant clairement qu'elle n'est pas prête pour ce passage. On retrouve d'ailleurs cette résistance à «entrer au ciel» dans plusieurs récits d'expériences-frontières, où les sujets se sentent incomplets, pas assez mûrs, et préfèrent spontanément revenir continuer l'apprentissage de leur humanité.

DEUX EXPÉRIENCES-FRONTIÈRES

À la suite d'une violente crise d'asthme qui finit par bloquer sa respiration, une adolescente vit une expérience-frontière lors de laquelle, après avoir franchi certaines étapes courantes dans ce type d'expérience, elle vit une rencontre saisissante avec «l'être de lumière». Voici l'extrait de ce récit directement relié à notre propos: «Comme en me laissant le choix, cet être merveilleux m'invitait à vivre cette nouvelle vie de lumière. Je me souviens d'avoir pensé à ma vie terrestre en me disant: 'C'est dommage, il me restait tant de choses à faire et à apprendre.' Et comme si cette pensée avait tout de suite été comprise, j'ai senti que j'avais le choix de rester là ou de revenir. Et toujours avec le même respect, le même amour, la même chaleur, cette 'présence' m'a comme reconduite vers la 'zone grise'. Je me souviens d'être 'repartie' heureuse, chaude, lumineuse, enthousiaste. Et le premier souvenir que j'ai de mon 'retour sur terre', c'est d'ouvrir les yeux, de voir devant moi le médecin. Il a une seringue vide à la main, il me regarde attentivement et me dit: 'Eh bien toi, tu peux te vanter de m'avoir fait peur'.»[6]

Cette jeune fille affirme en substance trois choses: d'abord, elle savait que son cheminement n'était pas terminé; ensuite, elle a choisi de revenir le terminer; enfin, son choix a été respecté. Incidemment, cette expérience rejoint certaines des expériences recueillies par Moody, qui les résume en disant que les sujets en cause «étaient heureux d'être en mesure de revenir à la vie physique, étant donné qu'ils avaient laissé inachevée quelque tâche importante.»[7]

Si on enlève le mot «revenir», qui implique que la poursuite de ce cheminement se fait sur terre et non dans l'au-delà, il semble bien que l'on retrouve l'essentiel de ces trois affirmations dans la pensée traditionnelle sur le purgatoire, à savoir: la conscience d'un manque d'actualisation de ses ressources personnelles, le désir de poursuivre cette démarche d'actualisation, et le fait que ce désir trouve effectivement à s'accomplir.

Il semble bien toutefois que ce scénario ne soit pas le seul et qu'il arrive que le sujet *ne veuille pas* revenir, préférant le bonheur incroyable de l'au-delà au caractère pénible de l'existence qu'il vient de quitter. C'est ainsi qu'une femme me rapportait un jour ce qui suit:

«Hospitalisée d'urgence, je subis une opération et je vis une expérience de dédoublement corps-esprit étonnante. Je vois du dehors de mon corps, quelque part au-dessus, tout ce que l'équipe médicale est en train de faire sur le corps qui était le mien. Mon père (décédé dix ans plus tôt) est avec moi, entouré d'une lumière fulgurante, éclatante mais non aveuglante. Il est accompagné d'autres êtres, et essaie de me convaincre de la nécessité de retourner vers mon corps pour continuer de prendre soin de mes filles. Je refuse, trouvant trop magnifique de m'être débarrassée d'une carcasse encombrante, et sentant que ma situation actuelle est bien plus extraordinaire que la précédente.

«Cette conversation se passe dans un environnement lumineux, musical, béatifique, impossible à décrire avec des mots. En même temps, l'équipe médicale s'agite, s'énerve autour de mon corps devenu raide et je dis à mon père: 'Tu vois, c'est déjà trop tard, je ne veux plus retourner.' Mon père insiste, et à titre de consolation, me dit: 'Ce n'est pas encore ton heure, retourne et je viendrai t'avertir quand le jour de ta libération sera proche.' À la suite de cela, une angoisse mortelle m'envahit et je me retrouve dans une salle de réveil, désespérée d'être encore là.»[8]

LE REFUS DE «QUITTER LE CIEL»

Ce récit est intéressant car contrairement à la jeune fille de tantôt, qui était «revenue» selon son désir, c'est *malgré lui* que le deuxième sujet se retrouve dans sa condition de cheminement pénible. Ceci rejoint ici encore les témoignages cités par Moody dans lesquels il arrive souvent que le sujet «ne veut pas revenir» et «peut même résister à réintégrer son corps».[7]

Bref, certains sujets affirment être heureux de revenir, alors que d'autres disent le contraire. Il est tentant ici de poursuivre le parallèle avec la représentation traditionnelle du purgatoire. Nous avons vu plus haut comment certains auteurs affirment le premier scénario d'un purgatoire spontanément choisi. Mais d'autres auteurs tiennent justement à laisser la porte ouverte à l'intervention d'une instance extérieure: «Aucune des deux conceptions, du jugement extérieur ou du jugement intérieur et immanent, ne doit être choisie au détriment de l'autre. L'une n'empêche pas l'autre. De même que la transcendance de Dieu ne l'empêche pas d'être immanent.»[9]

Selon une certaine imagerie qui prend ses racines dans la Bible (par exemple dans *Matthieu* 13,41), ce sont les anges de Dieu qui seront chargés de refouler ceux qui n'ont pas accès au ciel. Dans le deuxième récit d'expérience-frontière évoqué plus haut, ce mandat était confié au père du sujet et aucune violence n'était exercée, mais il s'agissait dans les deux cas d'une intervention contraignante, comme si l'ordre des choses (voulu par Dieu) devait se réaliser, à la limite en dépit de l'opposition de l'intéressée. Ces récits projettent donc une lumière intéressante sur les positions traditionnelles.

SOUVENIRS SOUS HYPNOSE

En 1978, une psychologue américaine du nom d'Helen Wambach a demandé à 750 sujets sous hypnose s'ils avaient choisi de naître, et elle a obtenu les réponses suivantes: 14% des sujets ont répondu avoir spontanément choisi de naître, 67% ont rapporté avoir vécu de fortes résistances à la perspective de renaître, et 19% ont dit avoir refusé de renaître mais ne pas avoir eu le choix. Voici quelques exemples du premier groupe: «Oui, j'ai choisi de naître, parce que je devais continuer et améliorer la tâche que j'avais commencée dans une vie passée. J'attendais de revivre avec impatience.» Deuxième exemple: «Les énergies qui m'entouraient m'ont été d'une grande aide, mais c'est moi qui ai pris la décision. Je n'avais pas peur.» Troisième exemple: «J'étais prêt pour cette vie mais je voulais en même temps rester dans l'autre énergie. En entrant dans le foetus, j'étais très joyeux.» Quatrième exemple: «Je voulais vivre cette vie parce que je devais terminer une part importante de mon existence.»

Quant au deuxième groupe, fortement majoritaire, de ceux qui hésitaient à revenir sur terre, il réunit des témoignages comme ceux qui suivent: «J'ai eu l'impression de partir en regardant sans cesse en arrière... J'ai attendu la dernière minute.» Deuxième exemple: «Lorsque vous avez demandé pourquoi je voulais naître, c'est alors que j'ai réalisé combien je ne le souhaitais pas. Je sais que j'ai essayé de provoquer une fausse-couche dans l'utérus de ma mère.» Troisième exemple: «Lorsque que vous avez demandé: 'Pourquoi cette vie?', j'ai alors regretté l'endroit que j'avais quitté; j'ai décidé de faire tout ce qu'il fallait pour que ce soit ma dernière vie.» Quatrième exemple: «J'ai à regret choisi de naître. Il y avait des présences autour de moi, mais personne ne parlait. Je n'étais pas très heureux à l'idée de vivre cette vie. C'était plutôt comme quelque chose que l'on doit finir, sans la certitude de pouvoir y parvenir.» Cinquième exemple: «Il y avait des silhouettes autour de moi qui m'aidaient dans cette décision. (...) Tous insistaient sur le fait que c'était nécessaire; je me suis donc senti un peu forcé.»

Enfin, les témoignages suivants se retrouvent dans le troisième groupe, composé des sujets qui ne voulaient pas renaître. «Quelqu'un insistait en me disant qu'il était temps de revenir. Je ne voulais pas vivre une autre vie, parce que j'étais très bien sur le nuage. Mais la voix insistait en disant que j'avais besoin de plus d'expérience.» Deuxième exemple: «Ce sont les autres qui m'y ont amenée. Il y avait quelqu'un au-dessus de moi, et d'autres insistaient. Je ne voulais pas revivre.» Troisième exemple: «Je ne le souhaitais pas mais je sentais que quelqu'un m'y obligeait. J'étais fou de rage à l'idée de revivre une autre vie.» Quatrième exemple: «Je ne voulais pas revivre, mais je sentais qu'il fallait que j'apprenne à aimer. Il me semblait que c'était une leçon périodique et que j'aurais à revenir encore et encore.»[10]

Il est peu probable que ces témoignages seraient jugés convaincants par tous, et plusieurs penseront qu'ils reflètent davantage les croyances de leurs auteurs plutôt que ce que ceux-ci ont vraiment vécu. Mais si l'on se place au niveau des croyances, on est amené à établir un parallèle frappant entre la façon dont ces 750 sujets se représentent leur aventure dans l'au-delà, et la façon dont les auteurs chrétiens se représentent l'expérience du purgatoire, à savoir comme un choix spontané d'une part, et d'autre part comme le triomphe de l'autorité de Dieu sur les résistances des «âmes» à assumer la pénible expérience du purgatoire.

Les sujets qui se sont prêtés à ces séances d'exploration sous hypnose étant américains, il est permis de penser que la majorité d'entre eux ont reçu une éducation chrétienne, c'est-à-dire une éducation selon laquelle Dieu doit présider aux destinées de l'âme après la mort. Or, parmi les 750 sujets, quelques unités à peine mentionnent la présence ou l'intervention de Dieu ou d'une figure divine quelconque, au moment où ils ont choisi — ou été amenés à choisir — de naître. Ce fait ne prouve évidemment pas que les témoignages sont véridiques, mais il permet de penser que ces témoignages ont été peu influencés par les croyances chrétiennes éventuelles des sujets.

LA SOUFFRANCE DU PURGATOIRE

Essayons maintenant de préciser en quoi peut consister la souffrance associée au purgatoire. Un auteur chrétien distingue deux moments dans cette souffrance, soit une première souffrance ponctuelle, provoquée par «la prise de conscience du manque de correspondance de notre amour par rapport à l'amour de Dieu», et une deuxième souffrance, qui semble davantage inscrite dans la durée puisqu'elle prend la forme d'un processus de «libération de nos insuffisances».[11] Dans un premier temps, donc, on prend conscience de ce qu'on a été et de ce qu'on a omis de devenir, et cette prise de conscience est pénible, et dans un deuxième temps, on entreprend de remédier à cet état d'incomplétude en réassumant son processus d'apprentissage, et ce processus est pénible lui aussi!

De fait, plusieurs auteurs catholiques soulignent l'intensité de la conscience de soi et du réel auquel on parvient en quittant son corps au moment de la mort (les réincarnationnistes disent: en entrant dans l'astral). Jugie écrit: «Au purgatoire, (...) l'âme séparée est douée d'un nouveau mode de connaître (...). Libre des entraves du corps, l'esprit voit s'ouvrir devant lui des horizons nouveaux.» Et plus loin: «Dans l'au-delà, la plupart des énigmes sont résolues. Nous voyons le pourquoi de bien des choses, la raison de tant de faits incompréhensibles, (...) le côté providentiel de ce qui semblait pur hasard... »[12]

Un autre auteur écrit pour sa part: «Dès que nous entrons dans les régions de l'éternité, un monde tout nouveau s'ouvre pour nous. L'âme est comme envahie par des flots de lumières nouvelles, d'une clarté à faire peur. Nous voyons alors tout sous son vrai jour... »[13] Mais cette découverte saisissante de soi et du réel provoque en même temps une formidable remise en question de ses propres lenteurs à apprendre, ce qui représente une expérience fort pénible: «L'âme perçoit maintenant les douces inspirations par lesquelles Dieu l'a tant de fois, mais en vain, sollicitée à la générosité (...) Autant de remords qui la rongent impitoyablement... Ce n'est qu'en purgatoire que beaucoup se rendront compte de la pauvreté de leur vie et du vide de leur existence... »[14].

Ce que j'ai appelé plus haut la «souffrance ponctuelle» de l'esprit qui accède subitement à l'au-delà est donc fait d'une part de remords, de regret, de confusion pour s'être si longtemps maintenu dans l'inconscience et la facilité, et d'avoir si peu pris au sérieux le mandat de sa croissance. Mais cette souffrance ponctuelle a une autre source, et c'est la considération de la longueur du chemin qui reste à parcourir.

L'esprit est transfiguré par l'intensité de la joie provoquée par les nouvelles dimensions du réel auxquelles il vient d'accéder et il veut s'engager plus avant dans ce mystère. Mais il comprend que ses propres lenteurs à apprendre lui bloquent l'accès à cette pénétration dans le mystère: il doit d'abord apprendre ce qu'il a négligé d'apprendre, et ce délai inévitable provoque en lui une profonde frustration: «Être si près de Dieu et de la céleste patrie sans pouvoir y pénétrer: quel tourment!»[15]

Actualiser l'image de Dieu en soi sera plus long que prévu: il faudra bon gré mal gré consentir à assumer une autre étape dans ce cheminement laborieux, sachant bien comme le dit Sertillanges à propos des «âmes du purgatoire», que «chaque phase de purification les rapproche de leur Dieu». Et le père dominicain de conclure: «Le retard qui leur est imposé est leur vrai supplice, plus encore que leurs souffrances».[16]

Voilà donc pour la première souffrance. Je disais plus haut que la deuxième sorte de souffrance n'est pas limitée dans le temps mais qu'elle se déploie dans la durée, puisqu'il s'agit à ce moment d'un processus à compléter. L'âme a beau être «impatiente d'être libérée» de tout ce qui l'empêche de se laisser attirer vers Dieu, elle a beau être frustrée de réaliser qu'elle a freiné par sa propre faute sa tendance actualisante, il reste qu'elle ne pourra escamoter aucune démarche d'apprentissage: «Tiens pour certain que dans ce paiement, elles ne sont quittes d'un seul denier, la justice de Dieu l'ayant ainsi déterminé.»[17]

La sainte qui écrit ces lignes affirme que ce qu'on désigne par l'expression «feu du purgatoire» n'est rien d'autre que l'amour de Dieu, qui «ne cesse pas un instant

de tirer l'âme vers lui pour la conduire à son entière perfection». Ce qui fait souffrir l'humain, c'est la «tendance actualisante» qu'il a inscrite au fond de lui et qui le pousse in-
fatigablement jusqu'au terme de son cheminement.

Catherine de Gênes écrit qu'au terme de ce cheminement, le feu est toujours là, mais il ne fait plus souffrir, car il
a eu raison de tous les obstacles, il a défait tous les
blocages, il a eu raison de toutes les résistances: «Une fois
que Dieu a ramené à lui l'âme ainsi purifiée, alors celle-ci
est mise hors d'état de souffrir encore, puisqu'il ne lui reste
plus rien à consumer (...) et que ce feu n'est plus alors que
celui du divin amour de la vie éternelle».[18]

Une fois les réajustements du début opérés, l'essentiel
de ce qu'on appelle «les souffrances du purgatoire» est
donc précisément les différentes résistances auxquelles la
tendance actualisante se heurte en nous. «Cet amour qui se
trouve entravé, c'est lui qui constitue leur souffrance.» S'il
en est ainsi, c'est que «l'esprit porte en soi l'instinct de se
débarrasser de toute chose qui puisse faire obstacle à sa
perfection.»[19]

Ces observations, d'un réalisme psychologique remar-
quable, nous serviront de conclusion pour le présent
chapitre, où nous avons vu la personne humaine amenée à
poursuivre laborieusement l'apprentissage de son humanité. La vie fait mal tant qu'on l'ignore ou qu'on lui résiste!

1. Voir MOODY, R., *Life After Life,* Bantam Books, 1976 (c. 1975, pp. 64-73.
2. LUCAS, J., *Mystère au seuil du paradis,* Paris, Alsatia, 1939, p. 21.
3. SERTILLANGES, A., *Les fins humaines,* Montréal, Éditions de l'Arbre, 1946, pp. 41-42.
4. SERTILLANGES, *Les fins...,* p. 44.
5. CATHERINE DE GÊNES, *Traité du purgatoire,* Namur (Belgique), Les Éditions du Soleil Levant, 1962, p. 38.
6. Cité dans HÉTU, J.-L., *Psychologie de l'expérience intérieure,* Montréal, Éditions du Méridien, 1983, p. 158.
7. MOODY, R., *Life...,* p. 78.
8. Cité dans HÉTU, J.-L., *Psychologie...,* p. 153.
9. HENRY, A.-M., Le retour du Christ, dans *Initiation théologique,* (En collaboration), t. IV, deuxième édition, Paris, Cerf, 1956, p. 863.
10. WAMBACH, H., *La vie avant la vie,* Paris, Ramsay «Image», 1979, pp. 53-73.
11. SEIBEL, F., Purgatory: an interpretation, dans *Theological Digest.* 26:1 (Spring 1978), p. 42.
12. JUGIE, M., *Le purgatoire et les moyens de l'éviter,* Paris, Lethielleux, 1940, pp. 105 et 132.
13. LUCAS, *Mystère...,* p. 57.
14. LUCAS, *Mystère...,* p. 80.
15. LUCAS, *Mystère...,* p. 73.
16. SERTILLANGES, *Les fins...,* p. 93.
17. CATHERINE DE GÊNES, *Traité...,* pp. 41 et 46.
18. CATHERINE DE GÊNES, *Traité...,* pp. 41 et 43.
19. CATHERINE DE GÊNES, *Traité...,* pp. 46 et 52.

CHAPITRE 10

Dans l'au-delà et ici-bas

Selon les auteurs catholiques, il n'y a rien qui se passe au purgatoire qui ne pourrait se passer ici-bas. On peut faire son purgatoire ici et maintenant, et il est préférable qu'il en soit ainsi, car il est plus pénible d'apprendre sur le tard des choses qu'on a négligé d'apprendre en temps et lieu.

Ce qu'on sera appelé à vivre au purgatoire ressemble donc fondamentalement à ce qu'on est appelé à vivre maintenant. Saint Augustin évoque ainsi trois possibilités: «On peut subir l'expérience du feu seulement après cette vie, ou à la fois dans cette vie et par la suite, ou dans cette vie seulement et non pas par la suite».[1] Dans notre langage, ces trois possibilités se formuleraient comme suit: on peut refuser maintenant de souffrir pour apprendre et tout reporter à plus tard, ou on peut apprendre péniblement à la fois maintenant et plus tard, et enfin, on peut tout apprendre dans cette vie.

En termes réincarnationnistes, on aurait la troisième formulation suivante: on peut ne rien apprendre dans la présente incarnation et accumuler ainsi son karma pour l'incarnation suivante; on peut apprendre maintenant et continuer d'apprendre dans l'incarnation suivante; on peut terminer dans cette incarnation-ci tous les apprentissages non complétés antérieurement, de sorte qu'on n'ait plus besoin d'incarnations supplémentaires et qu'on soit prêt à accéder au nirvana ou au ciel.

Guillaume d'Auvergne, un évêque parisien du treizième siècle, a bien mis en lumière lui aussi la continuité entre le purgatoire et la vie présente, en affirmant que «les peines purgatoires sont des peines qui complètent la purgation pénitentielle commencée dans cette vie».[2] Deux siècles plus tard, la mystique Catherine de Gênes dira pour sa part: «Mon âme, à ce que je vois, est dans ce corps comme dans un purgatoire en tout semblable au vrai purgatoire, mais à la mesure réduite que le corps peut supporter...».[3]

Mais le théologien contemporain Karl Rahner est probablement celui qui a poussé le plus loin cette similitude entre la vie présente et l'étape suivante: pour lui, le purgatoire est l'expérience par laquelle on complète péniblement ce qui a été commencé et qui doit être terminé, et il précise ce qui suit: «Tout comme dans cette vie, ce processus peut être plus rapide ou plus lent, plus ou moins pénible ou joyeux, selon les circonstances particulières et les conditions antérieures qui interviennent dans chaque cas individuel.»[4]

Relisons attentivement: les conditions antérieures qui ont été mises en place ou laissées en place par un individu donné deviendront des conditions postérieures qui affecteront les apprentissages subséquents de ce même individu. Nous avons ici une définition nuancée et serrée de ce que les réincarnationnistes appellent la loi du karma.

La «peine du purgatoire», c'est de devoir continuer mon évolution à l'endroit même où je l'ai interrompue ou laissée en plan, et cela, dans des conditions variables selon chaque histoire individuelle. À ce point-ci, un catholique pourrait se demander si cette interprétation, qui a le mérite non négligeable de rendre intelligible l'intuition du purgatoire, n'a pas cependant pour effet d'évacuer l'essentiel de cette croyance, à savoir la peine terrible censée être éprouvée au purgatoire.

La réponse à cette difficulté réside dans la théologie traditionnelle qui affirme que l'essentiel de la peine du purgatoire consiste dans la privation de la vision béatifique, c'est-à-dire dans le fait que l'expérience supercomblante du mystère de Dieu soit différée pour un temps indéfini. «La grande peine du purgatoire est un tourment d'amour provoqué par le désir véhément de voir Dieu et de s'unir à Lui.»[5] Le sujet espérait être arrivé et qu'on déclare terminés ses apprentissages plus ou moins assumés: il constate qu'il se retrouve encore en situation de cheminement et que l'accès total au mystère de Dieu est remis à plus tard!

L'OUBLI DE LA VIE ANTÉRIEURE

La mystique médiévale Catherine de Gênes, qui était par ailleurs une voyante, apporte des précisions étonnantes sur les phénomènes évoqués plus haut dans les témoignages d'expériences-frontières. À partir de ses visions, la sainte italienne déclare que dans l'étape du purgatoire, le sujet *oublie* ce qu'il a vécu dans son existence antérieure.

Si sainte Catherine de Gênes a vu juste, il s'ensuit que le sujet qui se trouve amené à assumer la poursuite de son cheminement dans ce que les catholiques appellent l'expérience du purgatoire, *ne sait pas qu'il est en train de vivre cette expérience.* Oubliant ce qui l'a conduit à sa situation présente, il peut désormais s'investir totalement dans cette nouvelle étape de son cheminement.

Un réincarnationniste chrétien commente à ce propos qu'il en va exactement de même dans toute existence, où la majorité des humains n'ont pas le réflexe de remonter indéfiniment la chaîne des pourquoi: pourquoi suis-je ici, pourquoi l'univers existe-t-il, pourquoi Dieux existe-t-il? Sollicité par les divers apprentissages qu'il est chargé de faire dans l'ici et le maintenant, le sujet est trop absorbé par ses tâches existentielles pour spéculer sur le pourquoi et le comment il en est arrivé là.

On trouve chez Catherine la réflexion suivante:

«L'occupation, pour faible qu'elle soit, que Dieu donne de lui-même à une âme l'absorbe en lui au point qu'elle ne peut tenir compte de rien d'autre. Par suite, elle perd tout retour sur soi, elle ne voit plus rien en elle-même, ni dommage ni peine, elle n'en parle pas, elle ne sait plus rien. Un instant seulement elle en a connaissance, comme il a été dit, au moment qu'elle sort de cette vie. »[7]

Les apprentissages à faire peuvent être relativement minimes (Catherine parle de «faibles occupations»), mais il n'en reste pas moins qu'ils absorbent totalement le champ de conscience du sujet, étant donné que ces apprentissages sont maintenant les seules données pertinentes pour le sujet, compte tenu du point précis où il se trouve dans son évolution personnelle.

Et le fait que le sujet ait pu lui-même choisir en toute connaissance de cause les épreuves existentielles qu'il devra traverser ne rend en rien celles-ci plus faciles: «Le jeune homme dont le rêve ultime était de se joindre aux Commandos ou aux Marines ne se retrouve pas pour autant sur une croisière sans histoire, le moment venu. »[8]

JOIES ET PEINES

Ces considérations permettent de comprendre une autre affirmation fréquente chez les auteurs catholiques mais déroutante à prime abord, à l'effet que le purgatoire est le lieu des plus grandes joies aussi bien que des plus grandes peines. Nous avons déjà identifié la source de cette souffrance dans le fait que le sujet voit sa tendance actualisante freinée par mille contradictions personnelles et mille et une convoitises de toutes sortes.

Quant à la source de la joie, on la trouve pareillement dans les progrès accomplis par le sujet dans son actualisation et son intégration personnelles, dans le fait qu'il ait réussi à mobiliser son énergie personnelle pour réaliser des apprentissages difficiles. Voici comment Catherine de Gênes décrit ce phénomène sur un registre religieux: «L'amour qui procède de Dieu (l'énergie mystérieuse qui anime tout être) et rejaillit dans l'âme (devenant perceptible et accessible à la personne) cause en elle un contentement inexprimable; (... alors que) cet amour qui se trouve entravé, c'est lui qui constitue sa souffrance.»[9]

Il semble donc que le phénomène «typiquement humain» qui veut que toute démarche significative de croissance (comme par exemple le fait d'éduquer un enfant) soit entremêlée de grandes joies et de grandes peines, soit en même temps typique du cheminement en cause dans l'expérience du purgatoire.

AVANCER ET GRANDIR?

Il nous reste à examiner une difficulté sérieuse dans la pensée des auteurs catholiques sur le purgatoire, à laquelle nous avons fait allusion à la fin du chapitre huit. Il s'agit de ce que les théologiens appellent «l'impossibilité de mériter au purgatoire». Dans la pensée catholique traditionnelle, le concept de mérite a tenu une place importante, car il permettait d'articuler l'une à l'autre deux affirmations fondamentales de la foi chrétienne, à savoir l'absolue gratuité du salut d'une part, et la nécessité pour l'humain de s'investir courageusement dans son cheminement, de l'autre.

«Le mérite est la valeur intime de la personne en fonction de son agir.»[10] Le mérite, c'est ce que le cheminement de quelqu'un a fait de lui; on pourrait dire: c'est la totalité de ses acquis, le résultat de la totalité de ses apprentissages, et par conséquent, son degré d'actualisation personnelle.

En contexte chrétien, personne ne peut s'attribuer à soi-même le mérite de son cheminement, car il tient d'ailleurs les ressources requises pour ce cheminement, et une fois en possession de ces ressources, il est *normal* qu'il les utilise: «Qu'as-tu que tu n'aies reçu, et si tu l'as reçu, pourquoi te vanter comme si tu ne l'avais pas reçu? (*1 Corinthiens* 4,7). Et: «Quand vous aurez fait tout ce qui vous a été prescrit, dites: ... nous n'avons fait que ce que nous devions.» (*Luc* 17, 10).

Mais ceci n'atténue en rien le fait qu'«il dépend du sujet d'accroître l'intensité de sa communion avec Dieu, en vivant comme un fils de Dieu», c'est-à-dire en apprenant à vivre selon son être profond de créature de Dieu.[11] L'Évangile dit qu'il faut porter du fruit (*Jean* 15, 16), développer ses talents (*Luc* 19, 11), chercher pour trouver (*Matthieu* 7,7), bref, «ne pas recevoir en vain la grâce de Dieu» (2 *Corinthiens* 6,1).

Mériter c'est progresser. Plusieurs auteurs spirituels font l'équivalence, et c'est au moment où le sujet s'investit le plus intensément dans ses apprentissages que le mérite ou le progrès devient le plus significatif. Comme l'écrit un philosophe et un moraliste chrétien, «c'est l'intensité même de cette volonté de dépassement, c'est la grandeur des résistances qu'elle a à surmonter, c'est la distance qu'elle réussit à franchir, qui constituent proprement le mérite.»[12]

Beaucoup de personnes qui meurent ont justement encore une «distance à franchir» pour réaliser leur vocation d'enfants de Dieu, et ce qu'on a rapporté plus haut sur le purgatoire le destine justement à permettre cet achèvement. Il est donc surprenant d'entendre ces mêmes auteurs affirmer à peu près unanimement qu'au purgatoire on ne mérite plus. Sertillanges écrit: «Que pouvons-nous redouter de la mort? L'interruption du mérite, rien de plus.» Et plus loin: «La lucidité du jugement posthume laisse tout en l'état. Elle ne peut rien réparer ni rien accroître.»[13]

Il apparaît impossible d'affirmer d'une part qu'on ne se développe plus au purgatoire, et d'affirmer par ailleurs que le purgatoire permet d'accéder au ciel, lequel ciel se caractérise par le fait de se retrouver «dans un achèvement harmonieux de soi-même; dans l'accomplissement de toutes les capacités de son être, l'épanouissement de toutes ses facultés...»[14]

Voici un autre exemple de cette contradiction à laquelle les auteurs catholiques se trouvent acculés par l'impossibilité de mériter ou de progresser au ciel: Jugie affirme d'une part que «l'âme non complètement purifiée» devra «passer un temps plus ou moins long» au purgatoire, mais il doit ajouter ceci: «Aussitôt après son entrée en purgatoire, l'âme est parfaitement sainte, parfaitement droite, animée de l'amour de Dieu le plus pur. Elle n'a pas à s'améliorer ni à progresser dans la vertu.»

Cette contradiction est d'autant plus flagrante que le même auteur écrit par ailleurs que «le degré de charité que l'on a au dernier soupir est celui que l'on aura éternellement.»[15] Comment un même sujet peut-il avoir en même temps et pour l'éternité un degré d'amour insuffisant, puisqu'il doit faire l'expérience du purgatoire, et l'«amour de Dieu le plus pur», après avoir vécu cette expérience?

Dernier exemple, plus récent celui-là, de cette tentative embarrassée pour concilier l'inconciliable. «Le salut final consiste à avoir parfaitement assumé en soi les traits distinctifs du Christ.» Le contexte nous montre que cela signifie rien de moins que la perfection: «Les valeurs religieuses portent en elles une valeur de perfection. Puisqu'elles se réfèrent à la communion avec Dieu qui est la perfection même, elles comportent d'elles-mêmes une exigence d'épanouissement qui n'admet pas de compromis.»

Étant donné que de toute évidence, peu d'humains meurent dans cet état, il s'ensuit que la plupart devront vivre «une purification qui permet à leur valeur chrétienne d'atteindre à son achèvement.» Mais voilà: ils devront progresser considérablement sans progresser vraiment, «car il s'agit bien d'achèvement et non plus de croissance. La mort met un terme à la construction de l'homme et introduit dans un état définitif.»[16] Comment peut-on s'achever parfaitement sans continuer à se construire? L'auteur ne le dit pas.

UNE DÉMARCHE D'INTÉGRATION

Rahner apporte à ce sujet une distinction qui pourra s'avérer précieuse pour la suite de notre réflexion. Il commence par affirmer lui aussi qu'on ne peut pas mériter dans l'au-delà: «La profondeur de l'option fondamentale qui a été faite durant la vie ne peut plus grandir dans la vie de l'au-delà.» Mais il refuse par ailleurs de ne voir dans le purgatoire qu'une expérience d'expiation passive. Avec une bonne partie de la tradition catholique, il voit dans l'expérience de maturation vécue au purgatoire un processus «d'intégration de la totalité de la réalité humaine complexe autour de cette décision libre» qu'il a appelée plus haut l'option fondamentale.[17]

Il y a ainsi un temps pour faire ses choix, pour déployer son dynamisme vital (option fondamentale) dans l'apprentissage successif des multiples dimensions de son humanité, et un temps pour intégrer ces différents apprentissages, pour consolider ses acquis, pour permettre au facteur temps et à sa réflexion personnelle d'harmoniser progressivement les différentes dimensions de son cheminement. On ne progresse, on n'avance, que lorsqu'on se trouve en situation de pèlerinage. Puis vient un temps où on fait une halte pour regarder le chemin parcouru et envisager à partir de là la prochaine étape.

On retrouve dans la pensée réincarnationniste cette alternance entre le temps pour cheminer dans l'histoire et le temps pour approfondir ce qui a été vécu dans l'histoire. Atkinson évoque ces périodes de repos entre chaque incarnation pendant lesquelles l'âme, libérée des contraintes et des sollicitations de son existence matérielle, «digère mentalement» son vécu de l'étape qui vient de se terminer, réfléchissant sur ses erreurs passées, sur les enjeux moraux des choix qu'elle a faits ainsi que sur la qualité spirituelle de son existence.

Selon lui, tandis que les âmes moins avancées ont peu de «matériel» sur quoi réfléchir et, subissant fortement l'attraction du monde matériel, sont désireuses de se réincarner rapidement, les âmes plus avancées sont portées à tirer profit au maximum de la chance qui leur est donnée pour intégrer, réfléchir et se préparer à l'étape suivante, notamment en identifiant quel type d'environnement conviendrait le mieux au type de défi correspondant à leur degré d'évolution spirituelle.

Mais tôt ou tard, ces âmes finissent elles aussi par avoir le goût de se réincarner, soit pour mettre à l'essai leurs ressources et leurs dispositions, soit parce que des personnes aimées sont prêtes elles aussi à se réincarner et qu'elles désirent de nouveau cheminer avec elles, soit enfin pour apporter leur contribution à l'avancement du monde.

S'il en est ainsi, c'est que l'évolution spirituelle ne peut se faire que par essais et erreurs, ne peut venir que par l'expérience, et aussi parce que cette évolution ne peut se faire que dans l'histoire, dans l'interaction avec d'autres êtres engagés eux aussi dans la durée et dans l'effort pour inscrire les valeurs spirituelles dans la réalité historique.[18]

LE TÉMOIGNAGE DE LA LITURGIE

Selon le scénario réincarnationniste, l'expérience du purgatoire se déroulerait donc en deux étapes, la première, décrite par Rahner, consistant en une démarche plus intériorisée d'intégration et de maturation, et la deuxième, plus active, où le sujet se retrouve de nouveau en situation d'expérimentation et de progrès.

On peut retrouver dans la liturgie romaine un indice de la croyance traditionnelle dans le purgatoire «première étape», c'est-à-dire comme démarche intériorisée d'intégration. Dans le Canon romain, au Memento des défunts, l'Église prie pour «ceux qui sont partis avant nous, marqués du sceau de la foi», et qui «se sont endormis dans le sommeil de la paix». Après un moment de silence pendant lequel les fidèles concentrent leur énergie spirituelle sur ceux pour qui ils désirent prier spécifiquement, le célébrant continue en demandant à Dieu d'accorder à tous ceux «qui reposent dans le Christ un lieu de rafraîchissement, de lumière et de paix».

Quel est ce «lieu» et quel usage les défunts et défuntes doivent-ils en faire? Excluons d'emblée l'enfer, qui pourrait difficilement correspondre à une telle description. Excluons également le ciel, qui n'est jamais décrit dans le *Nouveau Testament* comme un lieu où l'on «repose paisiblement», mais plutôt comme une fête, une noce, une procession triomphante, un face à face exaltant, etc.

Il reste le purgatoire, mais pas n'importe quel purgatoire. Pas le purgatoire où il faut expier, défaire péniblement ce qui a été mal fait, se purifier en se débarrassant laborieusement des conditionnements négatifs qu'on a accumulés par ses fautes. Mais le purgatoire première étape, qui est un lieu où le rafraîchissement, la lumière et la paix constituent précisément l'environnement requis pour vivre avec le maximum de profit une démarche d'intégration, de retour méditatif sur son vécu, et de préparation spirituelle pour l'étape suivante.

Les frères et les soeurs qui nous quittent n'ont pas fini leur cheminement. Mais ils ont d'abord une halte importante à faire, pour laquelle l'Église en prière sollicite les conditions les plus favorables. Et la résurrection n'est qu'au terme de ce long pèlerinage. Plusieurs chrétiens opposent la résurrection (qui est l'accès ultime au mystère de Dieu) à la réincarnation (qui est une des modalités du long pèlerinage vers ce mystère ultime). Si cette opposition était réelle, si la résurrection évacuait le pèlerinage, l'Église ne demanderait pas pour les défunts les conditions les meilleures pour leur lente maturation, mais elle demanderait à Dieu de les ressusciter au plus tôt. Et de même, nous ne verrions pas sur les inscriptions tombales le souhait «Qu'ils reposent dans la paix!», mais le souhait «Qu'ils entrent au plus tôt au ciel!».[19]

ON N'AVANCE QUE SUR LA ROUTE

On a vu plus haut que selon les réincarnationnistes, l'esprit ne peut progresser que dans l'histoire et non dans l'astral ou l'au-delà, c'est-à-dire qu'en se confrontant librement, par essais et erreurs, à l'ambiguïté de la matière et des êtres. Or, on retrouve la même intuition chez les auteurs catholiques, pour qui le mérite est lié à la liberté, c'est-à-dire à la possibilité de faire des mauvais choix: «C'est de cette liberté, agissant sous la motion de la grâce, que l'homme tient l'honneur de *mériter*.»[20] C'est pourquoi «Les âmes du purgatoire ne peuvent ni perdre cette grâce par le démérite, ni l'accroître par le mérite. L'état de voie (de pèlerinage), condition indispensable au mérite ou au démérite, est passé.»[21]

Réincarnationnistes et auteurs catholiques s'entendent pour dire qu'on n'avance que dans l'histoire, et qu'on peut, en dehors de l'histoire, s'approfondir, s'intérioriser et intégrer ses apprentissages. Mais les auteurs catholiques ne voient pas clairement que pour être efficaces, ces étapes doivent s'enchaîner les unes aux autres dans un cycle cheminement — temps d'arrêt — cheminement — temps d'arrêt, etc.

C'est ce qui les amène à se contredire, comme on l'a vu plus haut, en assignant au purgatoire une fonction de croissance qu'ils lui refusent par ailleurs. Voici un exemple d'un auteur qui va très loin dans cette ambivalence face au purgatoire: une fois que l'âme, détachée de son corps, prend conscience de ses erreurs, «elle voudrait recommencer sa vie pour tout réparer»; or, c'est justement là, pour cet auteur, la fonction du purgatoire: «Les âmes du purgatoire peuvent réparer leurs négligences passées. C'est comme si une seconde vie leur était accordée pour mieux faire...»

On a ici le scénario réincarnationniste parfait: cheminement — temps d'arrêt — cheminement. Cependant, l'auteur termine ainsi sa phrase: «c'est comme si une seconde vie leur était accordée pour mieux faire, et cela sans crainte de rechute»... puisque l'âme n'est plus dans l'histoire, et donc qu'elle n'est plus libre et qu'elle ne peut plus pécher... et nous devons ajouter: et qu'elle ne peut plus apprendre![22]

Le scénario se trouve ainsi amputé de sa troisième étape, ce qui a pour effet de le détruire par le fait même: l'âme ne peut plus progresser, elle ne peut plus s'approcher de Dieu, elle reste à jamais inachevée, non pas image de Dieu mais ébauche à peine tracée.

De toute évidence, la synthèse catholique sur l'au-delà est encore à venir et il reste encore des précisions importantes à apporter à cette pensée. Avec sa grande simplicité, Catherine de Gênes l'admet sans détour: «Tout ce qui vient d'être dit, je le vois, je le touche, mais je n'arrive pas à trouver d'expressions satisfaisantes pour le dire comme je le voudrais.»[23]

Et Rahner de préciser qu'en matière de réflexion sur le purgatoire, ce n'est pas simplement une question d'expression qui laisse à désirer, comme on pourrait le penser à propos de l'observation de Catherine de Gênes: «Nous avons encore beaucoup de travail à faire ici», affirme-t-il, et le théologien allemand de se demander si la doctrine catholique du purgatoire comme «intervalle», «ne pourrait pas constituer un point de départ pour aborder d'une façon plus positive la doctrine de la réincarnation».[24] Il n'est pas interdit de penser que les théologiens catholiques auraient profit à se livrer à cette démarche d'ouverture.

UNE ILLUSTRATION

Voici en terminant une illustration de la façon dont un croyant intègre le scénario réincarnationniste aux perspectives de la foi chrétienne. «(Au moment de ma mort) je m'attends à me retrouver en présence du Seigneur Jésus et à recevoir de lui une évaluation de mes progrès dans la vie que je viens de compléter, de même qu'un aperçu de mes besoins futurs.» Dans l'esprit de cet auteur, cette étape correspond au jugement particulier.

«Je ne m'attends pas à ce que le Seigneur Jésus choisisse à ma place mon incarnation suivante (...) mais j'espère qu'il me guidera dans ce choix...» Si l'auteur espère cet accompagnement, c'est qu'il s'attend à «être confronté à la tentation de végéter dans son amour, plutôt que de répondre à cet amour» en abordant de nouveaux défis.

L'auteur redoute en effet les défis spirituels impliqués dans le choix de sa prochaine incarnation, justement à cause des enjeux en présence. Par exemple, choisir pour son incarnation un environnement qui lui permettra de donner libre cours aux convoitises entretenues dans son incarnation passée (pouvoir, plaisir, confort matériel, etc.), continuant ainsi de renforcer les conditionnements négatifs (karma) affectant sa croissance à venir. «On peut être tellement porté à goûter de nouveau aux joies de la chair qu'on sautera sur la première occasion venue, sans égard aux implications de ce choix pour son avancement moral et spirituel.»

Inversement, il peut être très difficile de faire le choix approprié, par exemple entre une incarnation qui permettra au sujet de faire un bond significatif dans sa croissance, et une incarnation qui lui permettra simplement de continuer à se préparer à prendre plus tard un tel tournant: «Dois-je saisir cette possibilité dès maintenant? Suis-je prêt pour cela ou dois-je reporter ce choix à plus tard, sans savoir combien de temps je devrai attendre que ce choix se présente de nouveau?»

Cette première étape de l'expérience du purgatoire (la seconde étape étant l'incarnation suivante) n'est donc pas exempte de peine, sous forme de préoccupations, de perplexité, de tentations et d'indécision, sans compter la frustration de l'attente: «Je m'attends à vivre péniblement cette attente intense d'une nouvelle incarnation, parce que je comprendrai de plus en plus clairement combien celle-ci est nécessaire pour mon avancement.» Mais en même temps, cette incarnation nécessaire n'est pas nécessairement disponible, c'est pourquoi il faut avoir la sagesse d'attendre que l'occasion se présente enfin.[25]

Cette façon de se représenter le purgatoire pourra surprendre de prime abord. Mais ce n'est pas la première fois que des croyants surprennent leurs contemporains en entreprenant de clarifier leurs croyances à partir des idées nouvelles dans leur milieu. Thomas d'Aquin, Teilhard de Chardin et beaucoup d'autres ont surpris eux aussi. Tout n'est pas dit sur la question de la réincarnation, mais celle-ci mérite sans doute d'être explorée.

1. SAINT AUGUSTIN, *La cité de Dieu,* XXI, 26.
2. Cité par LE GOFF, J., *La naissance du purgatoire,* Gallimard, 1981, p. 327.
3. SAINTE CATHERINE DE GÊNES, *Traité du purgatoire, Dialogue,* Namur, Belgique, Les éditions du Soleil Levant, 1962, p. 51.
4. RAHNER, K., *Theological Investigations,* Vol. X, London, Darton, Longman and Todd, 1973, p. 164.
5. JUGIE, N., *Le purgatoire et les moyens de l'éviter,* Paris,Lethielleux, 1940, p. 83.
6. SAINTE CATHERINE, *Traité...,* pp. 28-29.
7. SAINTE CATHERINE, *Traité...,* p. 54.
8. MACGREGOR, G., *Reincarnation as a Christian Hope,* Totowa, New Jersey, Barnes and Noble Books, 1982, pp. 70-71.
9. SAINTE CATHERINE, *Traité...,* pp. 45-46.
10. SOLIGNAC, A., Mérite et vie spirituelle, dans le *Dictionnaire de Spiritualité,* T. X, Paris, Beauchesne, 1980; colonne 1041.
11. SOLIGNAC, A., *Mérite...,* colonne 1042.
12. LAVELLE, L., *Traité des valeurs,* T. II, Paris, Presses Universitaires de France, 1951, p. 405.
13. SERTILLANGES, A., *Les fins humaines,* Montréal, Éditions de l'Arbre, 1946, pp. 29-45.
14. SERTILLANGES, *Les fins...,* p.101.
15. JUGIE, *Le purgatoire...,* pp. 30, 519 et 14.
16. GOZZELINO, G., article Purgatoire dans le *Dictionnaire de théologie chrétienne,* Paris, Desclée, 1979, pp. 374-378.
17. RAHNER, K., *Theological Investigations,* Vol. II, London, Darton, Longman and Todd, 1963, pp. 197-198.
18. ATKINSON, W., *Reincarnation and the Law of Karma,* Chicago, Advanced Thought Publishing Co., 1908, pp. 118-120, 128 et 158.
19. Je m'inspire ici de MACGREGOR, G., *Reincarnation in Christianity,* Wheaton, Illinois, The Theosophical Publishing House, 1978, pp. 154-155.
20. J. D'ARC, S., HENRY, A.-M., MENU, M., La grâce, dans *Initiation théologique,*(En collaboration), T. III, Paris, Cerf, 1955, p. 451.
21. JUGIE, N., article Purgatoire dans le *Dictionnaire de théologie catholique,* Paris, Letouzey et Ané, 1936, colonne 1297.
22. LUCAS, J., *Mystère au seuil du paradis,* Paris, Alsatia, 1939, pp. 58 et 109.
23. SAINTE CATHERINE, *Traité ...,* p. 53.
24. RAHNER, K., *Foundations of Christian Faith,* New York, Seabury Press, 1978, p. 442.
25. MACGREGOR, *Reincarnation as a Christian Hope,* pp. 141-143.

CHAPITRE 11

L'enfer et le ciel

La sensibilité moderne est portée à se révolter contre l'idée qu'à la fin des temps, Dieu réanimera le cadavre des méchants dans le but unique de les faire souffrir, ou du moins de les voir souffrir éternellement dans un état conçu, préparé, ou du moins accepté par lui. Une telle perspective apparaît proprement injuste, car un être fini ne peut mériter, par une action finie, une peine infinie. Mais cette perspective apparaît également en contradiction avec la miséricorde de Dieu, qu'elle accule à utiliser la loi du talion: oeil pour oeil, dent pour dent: le ciel aux bons, l'enfer aux méchants. Il y a en effet quelque chose d'anti-évangélique dans le fait de croire que «Dieu ne peut regarder avec le même visage celui qui l'aime et celui qui le hait et l'insulte»[1], comme si Dieu, contrairement aux invitations de Jésus, ne pouvait que rendre le mal pour le mal.

LE PÉCHÉ MORTEL COMME SUICIDE SPIRITUEL

Le péché mortel était traditionnellement conçu comme un comportement de nature à «enlever la vie surnaturelle», et à «nous faire perdre l'état de grâce et tous nos mérites».[2] L'état de grâce, c'est le fait d'être en marche vers Dieu, d'être en train de réaliser notre destinée humaine, et donc d'apprendre notre humanité. Pareillement, l'ensemble de nos «mérites», c'est la totalité de nos acquis, de nos apprentissages, et donc le chemin parcouru jusqu'ici dans la conquête de notre humanité.

Parler de péché mortel, c'est donc affirmer qu'il est possible de régresser dans cette démarche d'humanisation, de devenir de moins en moins humain, c'est-à-dire de moins en moins capable de tendresse, de pardon, de remise en question, de partage... Refuser l'amour de Dieu, c'est donc refuser de continuer à s'avancer dans son actualisation personnelle, c'est mettre en échec sa tendance actualisante, comme diraient les psychologues.

L'enfer évoque la situation des êtres qui seraient morts dans une telle situation de blocage complet de leur tendance actualisante, et donc chez qui il n'y aurait plus rien de bon, plus rien à racheter, à libérer, à faire progresser. Il s'agirait d'êtres qui auraient atteint la déchéance absolue dans toutes les dimensions de leur vie, chez qui il n'y aurait plus par exemple aucun potentiel de relation chaleureuse, de confiance, d'attrait pour l'honnêteté, la réciprocité, le don de soi...

Mais il faut encore distinguer entre mort et suicide. Quelqu'un pourrait avoir atteint l'état évoqué au paragraphe précédent non pas en vertu d'un choix délibéré, mais à cause des circonstances de la vie. Imaginons le pire : rejet précoce par des parents déséquilibrés qui le torturent physiquement et moralement, alternance forcée entre le monde du crime et le monde non moins infernal des pénitenciers, etc.

Dans la pensée catholique, ceux qui sont susceptibles de se retrouver en enfer ne sont pas ceux qui sont victimes de leur destin, mais ceux qui choisissent délibérément d'y aller. Ce ne sont pas ceux qui sont psychologiquement ou même moralement morts, mais ceux qui sont spirituellement morts, c'est-à-dire ceux qui ont *opté* pour la mort spirituelle. Ceci pose la question suivante : un être humain peut-il opter librement pour sa propre destruction finale ?

L'imagerie catholique se représente parfois les damnés comme des êtres «figés dans leur refus», ce qui correspond au concept théologique de l'«impénitence finale». On a vu plus haut que selon le scénario catholique, l'âme séparée du corps se juge elle-même au moment de la mort, c'est-à-dire que, considérant le chemin parcouru, elle s'oriente spontanément vers ce qui est le plus approprié à son degré d'évolution. L'enfer signifierait que certaines de ces âmes, voyant qu'elles se sont orientées vers la destruction de leur être, sanctionneraient cette orientation vers la destruction.

L'IMPOSSIBILITÉ DU SUICIDE TOTAL

Mais selon les auteurs catholiques, cette destruction ne saurait être totale. L'humain ne peut échapper à son destin et à Dieu en optant pour le retour au néant. Le théologien Rahner estime que si cette possibilité existait, l'humain serait en mesure de se nier comme être essentiellement responsable de ses actes et pourrait fuir Dieu à jamais, ce qui va à l'encontre de l'absolue transcendance de Dieu.[3]

D'autres auteurs ouvrent des perspectives différentes, en alléguant par exemple que l'entropie (la loi de la dégradation de l'énergie) est nécessairement à l'oeuvre dans le phénomène de l'évolution. La parabole du semeur attire notre attention sur cette logique: beaucoup de grains se perdent sur le chemin, sur le roc ou dans les épines, pendant que d'autres grains portent du fruit au centuple (*Matthieu* 13, 3-9). Contrairement toutefois aux grains de blé, qui sont les «victimes» de l'environnement dans lequel ils atterrissent, les humains ont le choix de progresser ou de régresser; en s'enfonçant systématiquement dans cette régression, ils finiraient par atteindre un point de non-retour qui les ramènerait au néant absolu.[4]

Quoi qu'il en soit de cette dernière hypothèse, les auteurs catholiques affirment massivement qu'il est possible de s'enlever spirituellement la vie, d'opter pour la non-croissance, de refuser son statut d'être en cheminement, en pèlerinage. La pensée catholique se trouve ici coincée entre ce qu'elle sait du projet créateur et rédempteur de Dieu, qui est que tout être parvienne un jour à la vie en plénitude, et ce qu'elle sait du sérieux de l'aventure humaine, où les humains posent fréquemment des choix de mort et semblent s'enfoncer dans ces choix.

ENTRE LA LOI DE MURPHY ET LA GRÂCE FACILE

La vision chrétienne de l'aventure humaine ouvre sur trop d'optimisme pour vivre à partir de la loi de Murphy. («Tout ce qui peut faillir faillira.») Mais en revanche, la pensée chrétienne est trop en contact avec l'oppression et l'injustice continuellement alimentées par la convoitise humaine pour prendre pour acquise l'humanisation totale de tous les vivants.

L'affirmation de la possibilité de l'enfer équivaut dans ce contexte à affirmer que tout ne va pas de soi, et à le rappeler obstinément à chaque fois que nous sommes tentés d'enfouir dans l'inconscience nos refus d'aller de l'avant. S'il y a une parcelle de sagesse dans la croyance à l'enfer, c'est de nous rappeler qu'il y a quelque chose de compromis quelque part à partir du moment où on commence à prendre les choses pour acquises.

Un conjoint refuse toute protection légale à sa conjointe, parce qu'il prend pour acquis son amour pour elle. Douze ans plus tard, celle-ci se retrouve sans maison, sans enfants et sans le sou. À partir du moment où je prends pour acquis que je suis et que je serai toujours un bon conjoint, un bon parent, un bon chrétien, un bon auteur, un bon conférencier, etc., je commence à miner imperceptiblement le terrain sur lequel je me crois solidement installé. Le concept désagréable et par ailleurs fort problématique de l'enfer est peut-être là pour nous rappeler qu'il n'y a rien d'irréversible quand on est en voyage.

L'ENFER PEUT-ÊTRE VIDE

Ceci dit, beaucoup d'auteurs catholiques admettent que personne ne peut affirmer avec certitude que l'enfer est effectivement peuplé. L'Église catholique oblige ses fidèles à admettre la possibilité de l'enfer, c'est-à-dire la possibilité de ce type d'expérience où l'être n'a pas atteint sa fin normale, n'est pas parvenu au terme du pèlerinage où il était attendu, et où il est par conséquent privé de la relation plénière avec Dieu. Mais en même temps, l'Église laisse toujours ouvert un espace entre la conscience humaine et Dieu, dans le respect à la fois de chaque être et du mystère de la miséricorde de Dieu. Cela équivaut à renoncer à établir la culpabilité réelle des individus, même si on peut avoir des opinions sur la déficience objective de leurs comportements, et donc à réserver son jugement sur le fait que l'enfer soit ou non habité.

QUAND THOMAS D'AQUIN PARLE
D'UN RETOUR SUR LA TERRE

Beaucoup de théologiens se sont confrontés au cours des âges à cette épineuse question de l'enfer, déchirés qu'ils étaient entre les affirmations de l'Écriture et du dogme d'une part, et leur perception de l'universalité du désir divin de salut de l'autre. Parmi ceux-ci, celui qu'on a appelé par la suite «le docteur de l'Église» fait une hypothèse qui présente de l'intérêt pour nous, puisqu'elle se rapproche passablement de la réincarnation.

Confronté à des récits de damnés supposément sortis de l'enfer par l'intervention de la prière des saints, la théologien du treizième siècle écrit: «Sans doute la destinée de ces damnés n'était-elle pas réellement close.» Le commentateur thomiste éminent qui rapporte ce passage résume comme suit la suite du raisonnement de Thomas d'Aquin: «Dieu a pu les faire renaître à la façon de Lazare, et leur donner ainsi l'occasion de se reprendre.»[5]

L'hypothèse spontanément énoncée par le penseur du moyen-âge repose sur trois propositions: un, la totalité du destin humain n'est pas nécessairement jouée à la mort; deux, il est pensable que Dieu permette un retour sur la terre, ce qui ne semble pas causer de problèmes théologiques insurmontables; trois, la raison d'être d'une nouvelle existence serait de permettre de refaire ce qui a été mal fait, d'avancer plutôt que de régresser.

Pour les théologiens qui voient dans le thomisme une garantie d'orthodoxie, cette hypothèse de leur chef de file représente sans conteste une pièce intéressante à verser au dossier de la réincarnation!

LA PROGRESSION AU CIEL

Situons-nous maintenant à l'extrême opposé de l'enfer, pour soulever la question de la croissance dans l'au-delà, c'est-à-dire dans ce que les chrétiens appellent l'expérience du ciel. Un auteur spirituel écrit: «Le parfait n'est pas celui qui est arrivé au lieu de son repos, mais celui dont la montée vers Dieu est constante.»[6] Cette observation amène à penser qu'il continuera à y avoir croissance au ciel, car être en parfaite possession de ses moyens mais se trouver dans l'impossibilité d'utiliser ces ressources pour grandir, pour continuer à aller de l'avant, à s'avancer plus profondément dans le mystère du réel et le mystère de Dieu, équivaudrait à l'expérience de l'enfer beaucoup plus qu'à celle du ciel.

Par ailleurs, décrire l'expérience du ciel, comme cela se faisait fréquemment dans le passé, comme «un étroit contact avec toutes les perfections de Dieu, une jouissance de toutes les richesses de son être»[7] semble impliquer une progression éternelle. Comment, en effet, jouir de «toutes» les richesses d'un être infini, sinon en progressant infiniment dans la découverte de ces richesses?

La pensée chrétienne traditionnelle est très ambivalente sur cette question, puisqu'elle se représente tour à tour l'expérience du ciel comme un événement, une fête, et donc une action, mais qu'elle parle volontiers du ciel en termes de «repos éternel», comme si on entrait au ciel à la façon dont on prend sa retraite.

CROISSANCE PHYSIQUE ET CROISSANCE MORALE

Un auteur fait ainsi remarquer qu'on a été plutôt porté dans le passé à se représenter l'expérience du ciel davantage à partir du modèle de la croissance physique, qui atteint un plafond autour de la vingtaine, plutôt que sur le modèle de la croissance morale qui, elle, est appelée à se poursuivre indéfiniment.[8] Cette façon de voir prend probablement ses racines dans notre aspiration à être un jour parfaits, et par conséquent à ne plus avoir à nous forcer pour continuer à aller de l'avant.

J'ai récemment demandé à une trentaine d'adultes ayant reçu une éducation catholique de choisir entre les trois affirmations suivantes. Si j'avais le choix, j'aimerais:

— renaître après ma mort pour continuer d'apprendre;

— me reposer au ciel pour l'éternité;

— continuer d'apprendre au ciel, même si cela implique de l'inconnu et des dérangements.

Il est intéressant de noter que les répondants se sont à peu près également répartis dans les trois réponses, 9 désirant renaître, 11 préférant se reposer pour l'éternité, et 10 se disant prêts à continuer d'apprendre au ciel. Mais il est peut-être plus intéressant encore de constater que lorsque j'ajoutais une quatrième possibilité, à savoir: me reposer un peu et relever de nouveaux défis par la suite, celle-ci se trouvait retenue par un nombre significatif de répondants.

À la suite de ce petit sondage spontané, je suis porté à faire l'hypothèse qu'en matière de représentation de l'audelà, il survient fréquemment un télescopage entre le besoin fort légitime d'un repos physique, psychologique et spirituel pouvant être conçu comme un arrêt provisoire de la croissance, et l'inactivité permanente correspondant au «repos éternel», lequel repos correspondrait à l'arrêt définitif de la croissance.

FIN DU PÈLERINAGE
ET POURSUITE DE LA CROISSANCE

Le théologien Rahner écrit que «par la mort corporelle, l'homme met un terme définitif à son état de pèlerin». On a vu plus haut, lorsqu'on a abordé le concept de mérite, que cela signifiait que le sujet ne pouvait ni progresser ni régresser après la mort. Par ailleurs, Rahner affirme tout de suite après que même si on n'est plus pèlerin, on continue de progresser: «la vie éternelle (...) n'est rien d'autre que la fuite éperdue de l'esprit fini dans le sein de ce Dieu vivant.»[9]

Ce paradoxe pourrait signifier que ce qui est terminé un jour, c'est l'expérience du voyage dans un environnement où le sujet peut souffrir, se tromper, refuser d'avancer, etc., alors que ce qui continuera mystérieusement, c'est l'expérience du cheminement, de la progression elle-même. Nous tenterons de mener un peu plus loin cette réflexion à partir de deux passages du *Nouveau Testament.*

LES NOMBREUSES DEMEURES

L'*Évangile de Jean* met dans la bouche de Jésus les paroles suivantes: «Il y a beaucoup de demeures dans la maison du Père, sinon je vous l'aurais dit; je vais vous préparer une place.» (14-2). Le substantif utilisé ici signifie: «repos, pause, séjour, demeure, station, auberge», alors que le verbe dont il est dérivé désigne l'«action de s'arrêter, de séjourner en quelque endroit». On note donc la dimension de provisoire attachée à la plupart de ces termes et de fait, dans l'*Évangile de Jean*, le verbe demeurer, avec la racine utilisée ici, n'a que trois fois le sens d'une permanence (*Jn* 1, 32-33; 8, 35 et 14, 17), alors que dix autres passages présentent l'idée d'une transition ou du moins d'un séjour destiné à prendre fin prochainement (un quatorzième passage, «Rabbin, où demeures-tu?» — 1, 38, pouvant être interprété dans un sens ou dans l'autre). Il s'agit des passages suivants: 1, 39; 2, 12; 4, 40; 7, 9; 8, 35; 10, 40; 11, 6; 11, 54; 14, 25 et 19, 31.

Il arrive donc que ce verbe soit utilisé dans un sens de permanence, mais non pas toutefois dans un sens de repos éternel, bien au contraire. «Demeurer en Jésus» ou en Dieu ou dans son amour, signifie devenir de plus en plus fidèle aux invitations à grandir, à mûrir, à porter du fruit. Et pareillement, le fait que Dieu ou son Esprit vienne demeurer dans la croyante (par exemple, 14, 17), ne présente aucun rapport avec l'idée d'un repos définitif dans les demeures éternelles, mais renvoie à l'expérience vécue ici et maintenant et dans laquelle Dieu vient donner à la croyante inspiration, énergie et fécondité.

Il est donc erroné de s'appuyer sur ces textes pour affirmer, comme le font Brown et Barrett[10], que «les nombreuses auberges» de 14, 2 ne peuvent être que des maisons permanentes. Au moment d'interpréter ce texte ambigu, nous nous trouvons donc confrontés à notre propre ambivalence entre notre besoin de repos et de sécurité d'une part, et l'insécurité ou l'effort spontanément associé aux perspectives d'un cheminement éternel de l'autre.

Blank écrira ainsi: «Les images de maison et d'habitation font évidemment appel à un besoin humain profond qui peut être décrit comme le besoin d'une sécurité définitive, d'une place natale, pour une sûreté et une paix radicales.» Ce commentateur interprète dans ce sens les «nombreuses demeures» comme le fait qu'«avec Dieu, chaque personne aura la possibilité d'une vie complète qui comblera ses besoins individuels, et d'un bonheur éternel conçu seulement pour cette personne.»[11]

L'*Évangile de Jean* nous dira par contre, exactement trente versets plus loin, que le croyant n'a jamais fini de porter du fruit, car lorsqu'il en porte (et qu'il pense alors avoir droit au repos!), Dieu prend les dispositions nécessaires pour le confronter à de nouveaux défis: «Tout sarment qui porte du fruit, mon Père l'émonde pour qu'il en porte davantage encore.» (15, 2). Ceci amène Bultmann à faire le commentaire suivant: «La relation à Dieu entraîne la destruction de la sécurité humaine, y compris pour le croyant. Cette relation n'apporte pas le repos de l'esprit, ou un état de contemplation, mais requiert mouvement et croissance... Personne ne peut se contenter d'avoir porté du fruit; personne ne peut se reposer de ses performances... Dieu lui fait continuellement de nouvelles demandes et lui donne continuellement de nouvelles énergies.»[12]

Ce qui est à la source de la croissance humaine, Bultmann nous dit que c'est la relation à Dieu, et ce qui amène Dieu à faire à l'humain «de nouvelles demandes», c'est le don que Dieu lui fait de son énergie, de son Esprit. Or, la relation à Dieu se trouvera intensifiée au ciel, où l'humain communiera plus intimement encore à l'Énergie de Dieu. Il est donc à prévoir que l'aventure de la croissance s'en trouvera intensifiée elle aussi.

Mais la plupart des exégètes que j'ai consultés se sentent mal à l'aise à l'idée qu'il y ait progression spirituelle au ciel. Alors même qu'ils sont prêts à admettre que le mot «demeure» présente vraiment le sens d'une «auberge», ils maintiennent par ailleurs, et la plupart du temps sans justifier leur position, que ce «lieu de passage» représente en fait un lieu permanent, et que le mot «plusieurs» signifie simplement qu'il y aura de la place pour tout le monde![13]

Cette résistance s'explique probablement par une raison théologique, l'expérience du ciel étant conçue comme un don tout à fait comblant et absolument gratuit de Dieu, ce qui serait interprété comme incompatible avec le fait d'avoir encore à s'investir dans sa croissance au ciel. Mais il n'est pas sûr que le fait de condamner quelqu'un au repos éternel soit effectivement plus généreux que le fait de lui permettre une croissance infinie. C'est pourquoi il est préférable d'interpréter *Jean* 14, 2 dans son sens le plus immédiat, à savoir que pour les pèlerins que nous sommes, Jésus se préoccuperait de ménager des moments de repos qui alterneraient avec d'autres étapes de croissance dans le mystère de la vie éternelle.

LA PROGRESSION «DE GLOIRE EN GLOIRE»

On retrouve dans la *Deuxième Lettre de Paul aux Corinthiens* un passage relatif à la croissance constante du croyant, qui a pour effet de placer certains commentateurs dans le même embarras. Dans ce passage, Paul écrit: «Nous tous qui, le visage dévoilé, reflétons la gloire du Seigneur, nous sommes transfigurés en cette même image, avec une gloire toujours plus grande (littéralement: de gloire en gloire), par le Seigneur qui est Esprit.» (*II Corinthiens* 3, 18).

Le sens immédiat de ce passage est que l'Esprit de Dieu nous fait vivre «une métamorphose graduelle», «notre visage spirituel allant grandissant toujours».[14] Ici encore comme dans le passage de *Jean*, c'est l'activité du Christ ressuscité et de son Esprit qui est à l'origine de cette croissance spirituelle[15], qui «se fait selon un processus temporel, impliquant un progrès».[16]

Plusieurs auteurs se limitent à affirmer le caractère constant de cette croissance dans la vie présente, sans se prononcer sur la progression au ciel, alors que d'autres laissent entendre que ce processus se continuera au ciel: «Il s'agit d'un progrès continuel et graduel... qui se maintient en passant de ce monde-ci au suivant, de ce qui est temporel à ce qui est éternel.»[17]

Mais d'autres auteurs encore affirment que cette croissance spirituelle se terminera à la résurrection, puisqu'alors la transformation sera radicale et finale.[18] Cette dernière position soulève les mêmes difficultés que celles rencontrées plus haut, car elle revient à dire que le fait d'avoir davantage accès au mystère de Dieu dans l'au-delà aura pour effet de bloquer à jamais toute croissance, et donc que la rencontre de Dieu aura pour effet de réduire la circulation de l'énergie spirituelle dans le croyant plutôt que de l'augmenter.

La *Première Épître de Jean* affirme qu'après l'expérience de la résurrection, «nous serons semblables à

Dieu parce que nous le verrons tel qu'il est» (3, 2). Mais peut-on penser que cette expérience de révélation de Dieu aura pour effet d'abolir toute distance entre Dieu et le sujet, de sorte qu'il n'y aurait plus jamais aucun rapprochement possible? Si tel était le cas, ne devrions-nous pas parler alors de fusion totale entre Dieu et sa créature? Aucun auteur chrétien n'oserait faire une telle affirmation. Il faut qu'il subsiste une distance entre Dieu et sa créature si l'on veut sauvegarder à la fois la transcendance de Dieu et la différence entre lui et sa créature.

Et si l'on maintient une distance, peut-on affirmer que cette distance sera toujours constante, ce qui équivaudrait à abolir l'expérience même de la communication et de l'amour entre la personne et Dieu, car le propre de la communication et de l'amour est justement de réduire progressivement cette distance, sans jamais l'abolir, à mesure que les deux êtres impliqués apprennent à se découvrir et à grandir l'un par l'autre.

C'est pourquoi il semble tout à fait juste, ici encore, de prendre le passage de Paul dans son sens le plus immédiat et le plus évident, et de penser que la croissance spirituelle provoquée dans les croyantes par l'Esprit de Dieu aura effectivement pour effet de susciter «une gloire toujours plus grande», au fil de l'évolution spirituelle de chacune.

1. HENRY, A.-M., dans *Initiation théologique,* T. IV (en collaboration), Paris, Cerf, 1956, p. 863.
2. *Catéchisme catholique* (en collaboration), Québec, Edition canadienne imprimée par L'Action catholique, 1960 (c. 1931), p. 133.
3. RAHNER, K., *Foundations of Christian Faith,* New York, Seabury Press, 1978, p. 440.
4. MACGREGOR, G., *Reincarnation in Christianity*, Wheaton, Illinois, The Theosophical Publishing House, 1978, p. 120.

5. SERTILLANGES, A., *Les fins humaines*, Montréal, Éditions de l'Arbre, 1946, p. 87.
6. ROUSTANG, F., *Une initiation à la vie spirituelle*, Paris, Desclée de Brouwer, 1963, p. 198.
7. SERTILLANGES, *Les fins...*, p. 101.
8. MACGREGOR, *Reincarnation...*, pp. 164-165.
9. RAHNER, K., *Le chrétien et la mort*, Paris, Desclée, 1966 (c. 1963), pp. 28-29.
10. BARRETT, C., *The Gospel According to St. John,* London, S.P.C.K., 1965, p. 381; BROWN, R., *The Gospel According to John,* The Anchor Bible, New York, Doubleday and Co. 1970, p. 625.
11. BLANK, J., *The Gospel According to St. John*, New York, Crossroad, 1981, Vol. 2, pp. 53-54.
12. BULTMANN, R., *The Gospel of John, A Commentary,* Oxford, Basil Blackwell, 1971 (c. 1964), pp. 532-533.
13. C'est le cas de BULTMANN (*The Gospel of John...,* pp. 100 et 603), de B. LINDBARS (*The Gospel of John,* New Century Bible, London, Oliphants, 1972, pp. 470-471), de J. MARSH (*Saint John,* Philadelphia, The Westminster Press, 1968, p. 502) et de R. TASKER (*The Gospel According to St. John,* Grand Rapids, Michigan, Eerdmans, 1977 (c. 1960), p. 171).
14. ALLO, E.-B., *Saint Paul, Seconde Épître aux Corinthiens,* Paris, Gabalda, 1956, p. 97 et exactement dans le même sens, BARRETT, C., *A Commentary on the Second Epistle to the Corinthians,* London, Adam & Charles Black, 1973, p. 125.
15. Voir KUMMEL, W., *The Theology of the New Testament,* Nashville, Abingdon Press, 1970, p. 223; STRACHAN, R., *The Second Epistle of Paul to the Corinthians*, London, Hodder and Stouchton, 1965 (c. 1935), p. 90; TASKER, R., *The Second Epistle of Paul to the Corinthians, An Introduction and Commentary,* Grand Rapids, Michigan, Eerdmans, 1978 (c. 1958), p. 68, etc.
16. COLLANGE, J.-F., *Énigmes de la 2ème Épître de Paul aux Corinthiens,* Cambridge, University Press, 1972, p. 125.
17. PLUMMER, A., *A Critical and Exegetical Commentary on the Second Epistle of St.Paul to the Corinthians,* Edinburgh, T. & S. Clark, 1960 (c. 1915), p. 107.
18. BAUDRAZ, F., *Les Épitres aux Corinthiens, Commentaire,* Genève, Labor et Fides, 1965, p. 155; O'ROURKE, J., The Second Letter to the Corinthians, *The Jerome Biblical Commentary,* Vol. II, Englewood Cliffs, New Jersey, Prentice-Hall, 1968, p. 279; HUGHES, P., *Paul's Second Epistle to the Corinthians*, Grand Rapids, Michigan, Eerdmans Publishing Co., p. 118.

CHAPITRE 12

Kung et la réincarnation

Les six pages que le théologien allemand Hans Kung consacre à la question de la réincarnation dans son volume intitulé *Eternal Life*?[1] constituent, elles aussi, un autre exemple de ce scénario évoqué à la page 46 où l'auteur commence par affirmer son souci d'objectivité pour se trahir en cours de route.

L'auteur exprime d'abord son intention «d'exposer les principaux arguments en faveur et à l'encontre de la réincarnation», mais ce qui se passe par la suite surprend. Les «principaux» arguments en faveur de la réincarnation sont ramenés à trois et brièvement esquissés dans trois paragraphes, tandis que les «principaux» arguments à l'encontre de cette croyance sont au nombre de onze, chacun exposé lui aussi dans un paragraphe différent.

On a déjà ici un premier indice permettant de croire que les résistances de l'auteur sont vraiment mobilisées contre le danger. Deuxième indice: l'auteur admet au départ que «l'idée de la réincarnation a conservé sa force d'attraction et sa valeur d'orientation pour de nombreuses personnes qui sont, à n'en pas douter, très religieuses». Mais emporté par ses contre-arguments, il écrit que dans des perspectives chrétiennes, les idées spiritualistes d'un corps astral (...) semblent de la pure superstition». Le fait de traiter de «pure superstition» les croyances d'autrui surprend de la part d'un théologien qui est justement rattaché à un institut œcuménique dont la fonction est de comprendre de l'intérieur, sans les caricaturer, les croyances des autres.

Troisième indice à l'effet que l'auteur est sur la défensive: l'argument synthèse qu'il mobilise à l'encontre de la réincarnation est le suivant. «Pour résumer — considérant tous les arguments pour et contre — on ne peut en aucune façon affirmer que la doctrine de la réincarnation a été prouvée.» Cette conclusion-objection finale surprend elle aussi de la part d'un auteur qui affirme clairement par ailleurs que la foi chrétienne *ne peut pas*, elle non plus, être prouvée: «La recherche théologique ne résout aucun problème de décision. Elle ne peut que cerner l'espace et les limites dans lesquels une réponse est possible et sensée. (...) L'homme peut reconnaître en Jésus le principe directeur de son existence. Jamais toutefois en raison d'une preuve évidente et contraignante.» Ailleurs: «Pas plus que l'amour, la foi n'a besoin, pour se justifier, d'un savoir garanti et infaillible.»[2]

Le fait que la foi chrétienne ne puisse être prouvée n'empêche pas Kung d'y adhérer et d'écrire un volume de huit cent pages pour en exposer la pertinence. Mais le fait que la croyance en la réincarnation ne puisse être prouvée semble amener à fermer tout simplement le dossier.

Dernier indice enfin: l'auteur admet en principe qu'«on ne peut exclure au départ l'intégration de nouvelles doctrines dans la tradition chrétienne», et il estime en pratique que «la question (de la rencontre réincarnation-foi chrétienne) doit demeurer ouverte». Mais, fait significatif, il conclut non pas sur une perspective *d'intégration* mais sur une perspective *d'exclusion*: «laquelle des deux explications — en référence à une ou plusieurs vies après la mort — est la plus plausible? Pour les chrétiens, le choix est vite fait...»

Dans son univers mental actuel, il est impensable pour l'auteur qu'on puisse être réincarnationniste *et* chrétien, tout comme, au début de l'Église, il était impensable qu'on puisse être chrétien *et* non juif.

Reprenons brièvement nos quatre indices à l'effet que l'auteur est sur la défensive, comme s'il était mis en déséquilibre par l'idée de la réincarnation: un: onze objections mobilisées contre trois arguments favorables; deux: l'idée d'un corps astral, au coeur de la croyance en la réincarnation, «semble une pure superstition»; trois: la croyance chrétienne n'est pas prouvée et c'est normal, mais la croyance en la réincarnation n'est pas prouvée et c'est concluant; quatre: on peut en principe introduire de nouvelles façons de voir dans la tradition chrétienne, mais en pratique, on doit choisir entre la perspective réincarnationniste et la foi chrétienne.

La force des résistances qui sont ici à l'oeuvre constitue un phénomène assez spécial. Ces résistances demeurent en fait modérées: contrairement à d'autres auteurs, Kung n'est pas méprisant (à l'exception du passage où il qualifie de «pures superstitions» les croyances d'autrui); contrairement à d'autres auteurs, il ne déforme pas trop la pensée de ses vis-à-vis (sauf lorsqu'il écrit que dans les perspectives réincarnationnistes, «le bon comportement mène automatiquement au bonheur (comme un Brahmane, un roi ou au ciel), et le mauvais comportement à la renaissance dans la misère (comme un animal ou dans un enfer non éternel)», ce qui est assurément une caricature de la croyance en cause; contrairement à d'autres auteurs enfin, il n'utilise pas trop l'argument d'autorité (sauf lorsqu'il éprouve le besoin de diviser le monde en deux catégories: à savoir les réincarnationnistes d'une part, et de l'autre: les Indiens, les Chinois et les Japonais *instruits*, qui «manifestent fréquemment un très grand scepticisme à l'endroit de l'idée de la réincarnation», les traditions juive, chrétienne et islamique, les traditions non réincarnationnistes de la Grèce, du Japon et du Vietnam, influencées par le confucianisme antique...; l'effet recherché, consciemment ou non, n'est-il pas que si l'on est instruit et que l'on réagit comme le reste du monde, on ne peut pas prendre la réincarnation au sérieux?).

Dans l'ensemble des auteurs catholiques qui se sont exprimés sur le sujet de la réincarnation, Kung est l'un des plus ouverts. L'itinéraire de ce théologien nous montre incidemment qu'il était, dans sa profession, l'un des mieux préparés à cette tâche, étant donné sa capacité à sortir des sentiers battus pour s'ouvrir à des questions menaçantes pour la pensée catholique, que ce soit le protestantisme, l'athéisme, la psychanalyse...

Que la performance de ce brillant passeur de frontières soit médiocre lorsqu'il aborde la question de la réincarnation, nous suggère un certain nombre de conclusions ou de considérations :

1. La croyance en la réincarnation est une question redoutable pour les théologiens catholiques, où les meilleurs s'y écorchent un peu.

2. Le cas de Kung semble requérir une autre explication que celle qui a été avancée à la page 48 dans le cas des auteurs qui semblaient se protéger contre leur propre désespoir. Contrairement à ces auteurs, on ne trouve à première vue dans les écrits de Kung aucun indice à cet effet.

3. On pourrait faire l'hypothèse que l'idée de vivre une deuxième vie représente un corps étranger à la fois pour la sensibilité chrétienne courante et pour l'édifice théorique qui est associé à cette sensibilité. Or, la première réaction d'un organisme à l'introduction d'un corps étranger est le rejet.

4. Malgré certaines affirmations occasionnelles sur l'importance de l'histoire, le catholique typique porte, inscrite dans ses catégories mentales, l'attente profonde d'échapper à jamais à l'histoire, à sa mort. Toute idée ne s'intégrant pas à ces catégories mentales ne peut faire autrement que de mettre l'ensemble du système de croyance en crise, et de déclencher en conséquence des résistances proportionnées à l'intensité de cette crise.

5. Dans la théorie des systèmes, une crise survenue dans un sous-système donné (par exemple le sous-système des croyances de l'individu), ne peut faire autrement que se propager aux autres sous-systèmes par exemple le sous-système affectif).

C'est alors l'ensemble du système qui est en crise ou en déséquilibre. Lorsque ce phénomène survient, le réflexe du sujet est de rétablir l'équilibre de son système *au moindre coût*, c'est-à-dire en modifiant le *moins possible* sa façon de voir, sa façon de sentir et sa façon de faire.

6. C'est donc au moment où le sujet évolue dans une telle dynamique qu'il est le moins porté à remettre ses façons de voir en question et qu'il est au contraire porté à les défendre avec le plus de force. On trouve un exemple de ce phénomène chez Kung, lorsque celui-ci affirme, à l'encontre de la croyance en la réincarnation, «le caractère unique et non répétable de l'histoire, de sorte que ce qui a été manqué une fois ne peut jamais revenir».

Dans son sens immédiat, cette affirmation est évidemment exacte. La femme qui était enceinte pour la première fois le premier février 1984 et qui a fait interrompre sa grossesse le 5 mars suivant ne sera plus jamais enceinte pour la première fois ou un «autre» premier février 1984. Mais je connais une femme qui a échoué trois fois dans ses tentatives de mener ses grossesses à terme et qui a réussi deux fois par la suite, lorsque les occasions sont revenues. Des athlètes ont échoué à plusieurs reprises dans leurs tentatives de remporter des championnats, essentiellement parce qu'ils n'étaient pas prêts, et ont réussi par la suite, etc.

Il n'est pas nécessaire de réfléchir longuement pour faire cette distinction et, une fois cette distinction faite, pour faire l'hypothèse que c'est ce que les réincarnationnistes ont en tête lorsqu'ils parlent d'occasions de reprise. Kung n'a pas fait cette distinction et cette hypothèse, et cela se comprend très bien, à la lumière de ce qui a été dit plus haut.

7. Lorsque le système a retrouvé son équilibre, qu'il a eu le temps de réduire le caractère menaçant de la

nouveauté et de s'apprivoiser à l'insolite, il est alors
mûr pour un réexamen plus critique de ses propres
principes et façons de faire.

Étant donné que je suis de ceux qui croient que ce
qui a été manqué peut souvent être repris
ultérieurement, je suis porté à espérer que Kung
aura un jour la possibilité de reprendre et de pousser plus loin son dialogue avec la pensée réincarnationniste!

8. Un autre facteur en cause dans la résistance des
auteurs chrétiens aux perspectives réincarnationnistes réside dans leur attitude face au purgatoire.
Je fais l'hypothèse que plus une personne prend au
sérieux l'idée du purgatoire, moins elle aura de mal
à entrer en dialogue avec la pensée réincarnationniste, alors qu'inversement, moins elle accorde
d'importance à la croyance au purgatoire, plus elle
sera portée à trouver fantaisiste ou gratuite l'idée de
la réincarnation.

On pourrait trouver des indices en faveur de la
première partie de cette hypothèse dans le fait que
Karl Rahner a abordé à plusieurs reprises la question du purgatoire pour en proposer des reformula-
tions rajeunies, et qu'il en arrive à la conclusion que
cette question constituerait un bon point de départ
pour un dialogue avec la pensée réincarnationniste.

Inversement, Hans Kung, qui conclut en pratique à
l'incompatibilité entre la croyance chrétienne et la
croyance en la réincarnation, semble reconnaître
par ailleurs peu de pertinence aux croyances
catholiques relatives au purgatoire. S'il est «tout à
fait approprié de prier pour les mourants», il ne voit
pas comment on pourrait prier toute sa vie pour les
défunts, étant donné qu'il conçoit le purgatoire
comme «l'expérience transformante vécue par la
personne après sa mort au moment de sa rencontre

avec Dieu au sens où il juge et purifie, mais aussi libère et illumine, guérit et complète l'homme.»[3]

Si, au sortir de l'histoire, la personne humaine se trouve immédiatement et totalement transformée — comme recréée — à l'image parfaite de Dieu, le scénario de la réincarnation ne peut manquer d'apparaître carrément superflu.

9. On trouverait un autre indice à l'appui de l'hypothèse formulée au numéro 8 dans le fait que l'argument le plus fréquemment avancé par les opposants chrétiens à la réincarnation consiste dans son incompatibilité avec la résurrection, et que le purgatoire n'apparaît presque jamais dans leur argumentation.

La popularité de cet argument s'explique peut-être par le recouvrement ou la convergence de deux lignes de pensée, à savoir : d'une part le fait que la résurrection sera une expérience recréatrice comblant toutes les lacunes de ceux «qui auront fait leur possible», et d'autre part, l'évacuation du concept de purgatoire comme rappel gênant de l'idée que la croissance qui n'aura pas été prise au sérieux devra l'être un jour.

10. Un autre facteur associé à celui qui est évoqué au numéro 8 réside dans la façon dont on se représente le mystère divin. Plus on se représente le contact avec le sacré, que ce soit par l'intermédiaire des sacrements ou par «contact direct», comme ayant un effet immédiat sur le sujet, plus l'idée de la réincarnation aura de chances d'apparaître superflue. Il y a dans le sacré une telle charge d'énergie que dans les conditions actuelles, un contact direct avec le sacré serait fatal («L'homme ne peut me voir et demeurer en vie.» — *Exode* 33, 20). Par ailleurs — et c'est la position de Kung — un tel contact au moment de la mort ne

peut avoir que des effets recréateurs aussi instantanés que la mort aurait été instantanée dans le premier cas.

Inversement, plus on a du mal à se sentir à l'aise dans une telle approche du sacré, plus on sera ouvert à l'idée du purgatoire ou de la réincarnation. C'est ainsi le cas du dominicain Ombres, qui écrit: «Il n'y a aucun doute que dans l'abstrait, Dieu pourrait sanctifier les âmes en un moment, et on n'ose pas dire ce que l'expérience de la mort peut accomplir; mais un tel acte de changement moral immédiat et irrésistible contredit tout ce qu'on perçoit des méthodes de Dieu.» [4]

On peut commenter cette deuxième approche en disant que Jésus s'est pour sa part refusé à faire descendre du ciel le feu (*Luc* 9, 51-56) ou les anges (*Matthieu* 26, 53) et que ses interventions de guérison avaient pour effet de remettre le sujet en marche, de lui permettre de s'engager plus intensément dans son aventure humaine, fût-ce au prix de nouvelles difficultés (voir *Jean* 5, 1-15 et 9, 1-34).

11. Le dernier facteur que nous mentionnerons consiste dans l'attitude face au jugement et pourrait se formuler comme suit: plus une personne prend au sérieux l'idée d'une évaluation après la mort (ou en termes bibliques, d'un jugement), plus cette personne sera ouverte à l'idée du purgatoire ou de la réincarnation, et inversement.

Sur ce point, Kung ne semble pas tout à fait cohérent. Il affirme bien d'une part que «l'idée biblique du jugement court à travers le *Nouveau Testament*», et que la personne humaine «est pleinement responsable, non seulement face à sa conscience, mais aussi devant l'autorité absolue et finale» de Dieu. Mais il n'est pas facile par ailleurs de voir où il situe cette réalité de la responsabilité personnelle face à cette évaluation dans sa conception de l'après-mort.

Si la rencontre avec Dieu provoque nécessairement une «purification et un achèvement sanctifiant de la personne», l'idée d'une évaluation perd toute pertinence, car à quoi sert de distinguer entre les bons et les mauvais apprentissages (ce qui est le propre d'une évaluation ou d'un jugement), si l'humain se trouve de toute façon immédiatement et totalement transformé par l'amour de Dieu, et dispensé par conséquent de tout réapprentissage? (Je conclus au caractère immédiat de cette transformation entrevue par Kung à partir du fait que celui-ci estime qu'il est utile de prier pour les mourants mais non pas pour les morts, ceux-ci n'ayant plus besoin d'énergie spirituelle puisqu'ils sont désormais parfaitement achevés.)

En regardant les choses de plus près, cependant, on peut penser que Kung maintient par un fil la responsabilité humaine, et ceci, au moyen des deux affirmations suivantes:

A. Cette expérience transformatrice est «profondément humiliante et pénible»;

B. C'est *dans la mesure où* cette expérience est pénible qu'elle est transformatrice («painful and therefore purifying»).

Il serait probablement légitime de penser que cette humiliation et cette souffrance seront proportionnelles au décalage entre ce que le sujet découvrira qu'il a été par rapport à ce qu'il devait devenir. S'il en est ainsi, la tentative de réinterprétation de l'idée du purgatoire à laquelle le théologien allemand se livre ici rejoint paradoxalement la pensée latine du moyen-âge, qui réduisait le purgatoire à une peine subie passivement par le sujet, en expiation de ses fautes passées: il n'y a que souffrance, sans frustration consécutive au fait de découvrir que le terme du pèlerinage est encore à venir, sans progression ni maturation.

L'approche de Kung revient donc à éliminer presque totalement, en pratique, la réalité du jugement et de ses conséquences en termes de poursuite du cheminement du sujet. Une telle évacuation rejoint la position de beaucoup d'autres auteurs catholiques opposés à la réincarnation, pour lesquels le jugement après la mort n'est qu'une formalité avant la résurrection. (Je fais abstraction ici de la possibilité de l'enfer, qui peut être par ailleurs maintenue par certains de ces auteurs. Cette possibilité de l'enfer a évidemment pour effet de dramatiser l'idée du jugement, mais cela ne change habituellement rien en pratique, car la plupart du temps, l'enfer est affirmé dogmatiquement pour les autres, tandis que la seule possibilité qui habite vraiment le champ de conscience du sujet, c'est la résurrection et le ciel.)

Mais en évacuant le jugement au profit d'une transformation à toutes fins pratiques automatique et universelle, on porte en même temps atteinte à la liberté et à la responsabilité humaine, car le sujet n'a aucune part à jouer dans ce qui lui arrive. Comme en réponse à Kung, le théologien Ombres affirme qu'il y a au contraire un purgatoire «parce que la transformation de la grâce doit survenir dans un sujet humain libre et doit être systématique».[6]

Ceci complète notre analyse de la position de Kung face à la réincarnation. Nous terminerons ce chapitre là-dessus.

1. KUNG, H., *Eternal Life? Life After Death as a Medical, Philosophical and Theological Problem,* New York, Doubleday and Company, 1984 (c. 1982), pp. 59-65.
2. KUNG, H., *Être chrétien,* Paris, Seuil, 1978 (c. 1974), pp. 600-601 et 174.
3. KUNG, *Eternal Life...,* p. 139.
4. OMBRES, R., Images of Healing: the Making of the Traditions concerning Purgatory, dans *Eastern Churches Review,* Vol. VIII, no 2, 1976, p. 131.
5. KUNG, *Eternal Life...,* pp. 139-141.
6. OMBRES, R., *Theology of Purgatory,* Dublin, The Mercier Press, 1978, p. 24.

CHAPITRE 13

Autres points de contact

Le présent chapitre se propose d'aligner un certain nombre de considérations visant à faire ressortir des points de contact entre les perspectives réincarnationnistes et les perspectives chrétiennes. Ce chapitre nous permettra ainsi de nous acheminer vers la conclusion de l'ensemble de notre exploration.

1. KARMA ET PÉCHÉ CHRÉTIEN.

Tel qu'on l'a vu au chapitre deux, le karma est déclenché par une rupture d'harmonie, par un déséquilibre dans le comportement du sujet, et cette rupture d'harmonie entraîne comme conséquence la nécessité d'un retour ultérieur pénible à cette harmonie. Cette façon de voir rejoint assez directement la conception thomiste du péché comme désordre appelant une expiation ou retour à l'ordre: «Puisque (pour Thomas d'Aquin) le péché est un acte qui s'éloigne d'un ordre requis, quiconque pèche entre en conflit avec un ordre donné et est réprimé par cet ordre, ce qui correspond à sa punition.»[1]

La sagesse populaire évoque ce phénomène en disant qu'«on est puni par où l'on pèche», tandis que Rahner admet la portée proprement théologique d'une telle formule, en précisant non seulement que la réaction engendrée par le péché est proportionnée à celui-ci, mais aussi que cette réaction émane pour ainsi dire du péché lui-même et non pas de quelque instance extérieure: «Ainsi, en un certain sens, le péché engendre sa propre punition.»[2]

Le théologien catholique Sertillanges donnera dans ce sens une belle définition du karma: «La peine, c'est l'ordre qui reparaît après avoir été compromis par la faute.»[3], tandis qu'un autre auteur catholique s'engagera pour sa part dans l'illustration de ce principe: «Celui qui s'est montré dur pour ses semblables, parce qu'il ne songeait qu'à ses intérêts, (...) il est normal qu'il éprouve combien il est dur d'être dans le besoin et de ne trouver de secours chez personne. Celui qui par orgueil s'est montré exigeant, arrogant et même injuste pour les autres (...) doit personnellement apprendre l'ignominie de l'abaissement et de l'humiliation. Si quelqu'un s'est accroché aux biens de la terre avec toutes les fibres de son âme, (...) il ne sera admis au banquet éternel qu'après s'être libéré de toute attache aux choses créées...»[4]

Chacun de ces quatre auteurs réfléchit à partir de perspectives catholiques traditionnelles et non pas à partir de perspectives réincarnationnistes. Il demeure néanmoins que la parenté de perspectives s'avère frappante sur ce point.

2. LE LIEU DU PURGATOIRE

Pratiquement tous les auteurs catholiques admettent que l'expérience du purgatoire ne requiert pas de lieu spécial, que le purgatoire est justement un type d'expérience, un état, une démarche. Jugie écrit: «Du moment que le purgatoire est avant tout un état de l'âme séparée, qui l'affecte directement et intimement, on peut dire que le purgatoire est partout où il y a une âme du purgatoire.»[5] En d'autres termes, le purgatoire est vécu là où des sujets continuent d'apprendre péniblement après leur mort ce qu'ils n'ont pas appris avant.

Un autre auteur écrit quant à lui que la réflexion catholique sur l'au-delà porte essentiellement sur la relation de l'humain avec Dieu et non pas sur quelque géographie ou sur quelque chronologie. Le ciel est ainsi l'expérience où cette relation entre l'humain et Dieu est vécue en plénitude, et le purgatoire est l'expérience où cette relation est encore en train de se purifier et de s'approfondir.[6]

Lorsque des gens disent qu'ils font leur purgatoire «sur la terre», il pourrait donc y avoir dans cette affirmation plus qu'une boutade. Plusieurs auteurs catholiques s'opposeraient sans doute à une telle possibilité, en objectant qu'au purgatoire, on ne peut ni mériter ni pécher. Mais on a vu plus haut la difficulté de concevoir une telle progression sans croissance, en ce qui a trait à l'argument du mérite. Quant à la question du péché, on peut penser qu'il est difficile de désapprendre un désordre en apprenant à agir dans l'ordre (ce qui semble être la définition thomiste de l'expiation du péché) si on ne peut pas apprendre par essais et erreurs.

Lorsque Augustin, Jean de la Croix et une cohorte d'auteurs catholiques affirment qu'on peut anticiper son purgatoire sur la terre et que le purgatoire consiste à faire plus tard ce qu'on n'a pas fait plus tôt, ces auteurs affirment une identité profonde entre les apprentissages faits de part et d'autre de la frontière de la mort. Sans s'imposer, l'idée du purgatoire «sur la terre» semble donc beaucoup moins extravagante qu'elle ne peut le paraître à première vue à des catholiques orthodoxes.

3. **LES CYCLES D'APPRENTISSAGE.**

Dans la littérature catholique consacrée à la réincarnation, il est de pratique courante d'opposer la conception cyclique du temps dans les religions orientales à la conception linéaire du temps dans le christianisme. Bergeron écrit ainsi que dans les perspectives réincarnationnistes, «le corps est rivé au cercle infernal de l'éternel retour», tandis qu'en contexte chrétien, le «corps terrestre» est en marche vers la résurrection.[7]

Il y a une pointe apologétique évidente dans cette affirmation, qui revient à dire que les réincarnationnistes tournent en rond tandis que les chrétiens, eux, savent où ils vont. À la limite, l'expérience spirituelle péniblement acquise par les hindous et les bouddhistes ne leur donne rien, puisqu'ils reviennent continuellement à leur point de départ, tandis que l'expérience chrétienne, elle, est féconde et libératrice.

Mais il est possible d'aborder le concept de cycle d'une façon plus subtile et qui fasse davantage justice aux intuitions des religions orientales Quand on parle d'un cycle, on parle d'une séquence d'étapes interreliées, de sorte que l'aboutissement de la dernière étape permet de compléter l'ensemble de la démarche. La logique d'une démarche par cycles, c'est d'accomplir la totalité d'un parcours de manière à pouvoir fermer le cercle, à pouvoir compléter l'expérience. Dans cette logique, il est aussi absurde d'affirmer que les entités réincarnées sont prisonnières d'un destin qui les ramène sans cesse à leur point de départ, que d'affirmer qu'un étudiant qui complète un cycle d'études donné, disons le cycle primaire, retourne à son point de départ, revenant de la sixième à la première année!

C'est pourquoi l'expérience chrétienne elle-même a toujours été pensée selon un modèle cyclique, c'est-à-dire selon un enchaînement organique d'étapes débouchant les unes sur les autres. Déjà le *Nouveau Testament*, et en particulier les *Épîtres,* distinguent fréquemment entre les débutants et les parfaits, entre les enfants et les adultes dans la foi (voir par exemple *Hébreux* 5, 13-14).

Ces distinctions seront reprises et raffinées par les auteurs chrétiens des siècles suivants, et le modèle des trois cycles de la voie purgative, de la voie illuminative et de la voie unitive dominera la spiritualité catholique jusqu'au vingtième siècle. Le théologien Henry écrit pour sa part que ce modèle cyclique s'applique à l'histoire humaine elle-même: «La marche linéaire de l'histoire est en réalité une marche non pas circulaire, mais hélicoïdale, ascensionnelle, comme une montagne que l'on gravit en tournant sans cesse autour d'elle.»[8]

La psychologie moderne a beaucoup mis en lumière ce phénomène de la croissance par cycles. Dans leurs modèles théoriques, Erikson, Kohlberg, Maslow et Lowen ont tous montré, chacun à sa façon, que la croissance humaine se fait par étapes qui s'enchaînent les unes aux autres et s'influencent les unes les autres.[9] Ces recherches et ces développements théoriques mettent en lumière un aspect important de ce que les réincarnationnistes appellent le phénomène du karma, à savoir le fait que la façon dont une étape donnée est vécue affecte d'une manière significative la façon dont l'étape suivante sera abordée.

Ainsi, si une étape donnée est mal vécue et n'est pas complétée, le sujet aura beaucoup de mal à aborder l'étape suivante, et c'est seulement lorsqu'il aura réassumé son étape mal vécue, qu'il aura bien vécu ce qu'il devait vivre à cette étape, qu'il pourra aborder d'une façon féconde l'étape suivante.

En réfléchissant sur ce phénomène, le théologien Rahner se trouve ainsi amené, probablement sans le savoir, à expliciter l'essentiel de la croyance réincarnationniste au karma: «Il nous semble que la vie est constituée d'une série de situations (dépendant jusqu'à un certain point les unes des autres), d'une série de tâches, chacune différente de l'autre, chacune avec sa place particulière dans le déroulement de l'ensemble de la vie, (...) et chacune étant maîtrisée d'une façon ou d'une autre ou laissée totalement intouchée.»

Pour que cette synthèse de l'aventure humaine corresponde en tout point à la perspective réincarnationniste, on n'aurait qu'à remplacer le premier mot *vie* par l'*aventure humaine,* et le second mot *vie* par le mot *destin* ou *pèlerinage:* L'aventure humaine est constituée d'une série de tâches différentes, chacune ayant sa place dans le déroulement de l'ensemble du pèlerinage, et chacune étant soit apprise ou soit négligée... «chaque situation précédente codéterminant presque toujours la situation suivante».[10]

Dans ces perspectives, plus le sujet est avancé dans ses apprentissages, plus sa performance doit être à la hauteur: «À qui il a été beaucoup donné, il sera beaucoup demandé.» (*Luc* 12, 46). À qui il a été donné de maîtriser tour à tour plusieurs apprentissages, il sera demandé d'aborder des apprentissages beaucoup plus exigeants et difficiles. Nous sommes responsables d'avancer à partir de là où nous sommes parvenus dans nos cycles d'apprentissage; c'est pourquoi il est futile de se comparer aux autres, qui n'ont pas nécessairement eu les mêmes points de départ et qui ne sont pas nécessairement en train de faire les mêmes apprentissages.

Lorsque Rahner parle d'une «série de situations à maîtriser», il décrit de la façon suivante les facteurs influençant la façon dont ces cycles d'apprentissages sont abordés: d'abord les facteurs biologiques (la constitution biologique du sujet et son âge); ensuite les influences extérieures (la façon dont l'environnement interagit avec la biologie du sujet); ensuite les situations antérieures, à propos desquelles l'auteur apporte la précision suivante, qui n'est pas indifférente pour un réincarnationniste: l'influence du vécu antérieur «ne vaut pas seulement en ce qui concerne la façon dont l'épreuve de la situation précédente a été passée, au plan moral, mais aussi en ce qui concerne le simple fait que la personne ait déjà vécu antérieurement dans cette situation précise donnée».

Pour le théologien allemand, le fait que le sujet se soit déjà trouvé dans une situation analogue, par exemple le fait qu'il ait déjà été en amour, influe sur la façon dont il réagira à cette situation la fois suivante, et ceci, «abstraction faite de la façon dont cette personne est passée à travers cette situation». La suite du texte nous permet de comprendre ainsi cette affirmation intrigante: si, à une époque donnée de mon cheminement, je devais m'engager dans tel type d'apprentissage, et donc me placer dans tel type de situation, et que je ne l'ai pas fait, j'aurai au départ un handicap de plus lorsque je me déciderai enfin à m'engager dans cet apprentissage, et ceci, tout simplement parce que la situation sera nouvelle et que j'aurai un certain rattrapage à faire.

Au plan spirituel, on se trouve ramené ici à la parole de Jésus: «Ma nourriture est de faire la volonté de celui qui m'a envoyé.» (*Jean* 4, 34), que l'on pourrait traduire ainsi: ce qui me fait grandir, c'est de m'engager dans les situations dans lesquelles je sens intérieurement que je dois m'engager, de relever les défis que je discerne comme étant les miens dans ma situation présente.

Un autre auteur écrit en ce sens que Dieu nous révèle la voie qu'il ouvre devant nous si nous savons l'écouter. Si nous ne l'écoutons pas, nous ne pouvons qu'allonger le voyage en prenant un chemin de traverse qui nous éloigne fatalement de notre but et qu'il faudra invariablement refaire en sens inverse un jour. Si l'on va au bout de la pensée de ce dominicain, on est amené à dire que la durée de notre pèlerinage est directement proportionnelle à notre obéissance à Dieu: plus on est fidèle à faire ce qu'on a à faire, plus on arrive au terme rapidement, et plus on refuse d'assumer les différents défis de sa croissance pour vivre dans le divertissement, la superficialité, l'inconscience et le moindre effort, plus il faudra prévoir une longue route...[11]

4. **COMMUNION DES SAINTS ET RÉDEMPTION**

Pour un réincarnationniste, le salut passe nécessairement par l'apprentissage de son humanité et exclut donc toute intervention divine d'en haut. Doit-on affirmer pour autant que la perspective réincarnationniste est fermée au mystère de la rédemption? Il ne le semble pas. Nous avons déjà souligné, au chapitre deux (pp. 35-36), la vive conscience de l'interdépendance des êtres que l'on trouve dans le courant réincarnationniste. Cette conscience rejoint le concept chrétien de *corps mystique,* qui affirme lui aussi la solidarité de tous les humains entre eux.

Pour un réincarnationniste, qui progresse spirituellement fait avancer l'ensemble de l'humanité, et qui végète spirituellement retient en arrière l'ensemble de l'humanité. Cette solidarité fondamentale ne demeure pas théorique et intérieure (du style «Je sauve mon âme et ce sera bon pour les autres en même temps...»), mais elle cherche à s'incarner dans l'histoire en termes de service concret face à autrui. Une prière classique dans l'hindouisme exprime ces dispositions : «Je ne demande pas à Dieu la grandeur qui découle de l'accès aux huit pouvoirs, et je ne lui demande pas non plus de ne pas être réincarné ; je lui demande seulement de sentir la souffrance d'autrui, comme si j'habitais son corps, et d'avoir la force de soulager sa souffrance et de le rendre heureux.» [12]

Chacun doit assumer son karma. Comme le dit Paul : «C'est sa propre charge que chacun portera.» (*Galates* 6, 5), et la *Traduction oecuménique de la Bible* commente : «Paul évoque ici le jugement de Dieu devant qui chacun aura à rendre compte de sa propre conduite.», ce qui laisse entendre que le jugement de Dieu se traduira par quelque chose de pénible à porter pour le sujet, ce qui rejoint beaucoup l'idée du karma. Mais cela ne change rien au fait que nous devons venir au secours d'autrui et l'aider à porter son fardeau. La prière hindoue trouve son écho dans l'invitation de Paul à «porter les fardeaux les uns des autres» et à «accomplir ainsi la loi du Christ» (*Galates* 6, 2).

En disant que quelqu'un peut intervenir de l'extérieur pour alléger le fardeau, la souffrance ou le karma d'autrui, on affirme du même coup la possibilité d'une intervention rédemptrice pour un ou des individus donnés. On retrouve ainsi dans la *Baghavad Gita* (4, 7-8) un passage classique relatif à cette intervention rédemptrice d'un dieu : «Chaque fois que l'ordre défaille et que le désordre s'élève, je me produis moi-même. Pour la protection des bons et la destruction des méchants, pour rétablir l'ordre, d'âge en âge je viens à l'existence.» [13]

C'est pourquoi Grou, un auteur chrétien spécialisé dans la pensée hindoue, affirme non seulement que «la réincarnation ne s'oppose pas à l'idée de salut», mais encore que certains courants hindous «voient la grâce de Dieu comme la force qui peut permettre à l'homme de sortir du cycle des naissances» et déboucher ainsi sur le salut. [14]

On peut tenter de pénétrer de diverses façons ce mystère rédempteur: comme l'attrait exercé sur le reste des humains par celui qui va très loin dans son humanité («Et moi, élevé de terre, j'attirerai tous les humains à moi.» — *Jean* 12, 32); comme un transfert d'énergie («Si je pars, je vous enverrai le Paraclet», c'est-à-dire l'Esprit, la Force ou l'Énergie «venue d'en haut» — *Jean* 16, 7), comme un éveil spirituel qui redonne espoir et sensibilise aux ressources profondes de chacun, etc.

Mais ce qu'on peut retenir pour l'instant, c'est qu'on retrouve dans certains courants classiques des religions orientales et dans le christianisme une croyance analogue au mystère rédempteur. Ces réflexions nuancent donc la critique faite au chapitre trois à propos de la croyance au déblocage mystérieux opéré par Jésus, tout en laissant la question ouverte.

5. **LE PÉCHÉ D'ADAM**

On pense souvent que les hindous et les bouddhistes se perçoivent comme des émanations de Dieu, c'est-à-dire de la même substance que lui, ce qui apparaît précisément aux chrétiens comme la prétention funeste d'Adam et d'Ève. Ces traditions orientales et la tradition chrétienne apparaissent donc à première vue aux antipodes les unes de l'autre.

À y regarder de plus près, cependant, on s'aperçoit que ce contraste se trouve considérablement atténué par deux considérations. D'abord, un oriental *ne considère pas pour acquis* qu'il est Dieu, mais il estime avoir devant lui un très long chemin à parcourir pour le devenir ou le redevenir. Son émanation de Dieu a en effet été suivie d'une chute originelle provoquée par la convoitise de la matière, laquelle chute a eu pour effet de l'aliéner profondément de sa vraie nature et de l'obliger à assumer dans la peine son long retour à Dieu.

Pour un oriental, le drame fondamental de l'existence est donc qu'issu de Dieu et aliéné de Dieu et de lui-même, l'humain doit se retrouver lui-même (ou se perdre lui-même, ce qui est l'équivalent) en effectuant son retour à Dieu.

La tradition biblique confronte pour sa part l'humain au même défi du retour à Dieu après la chute originelle. La tradition biblique est hantée par l'origine et la vocation divines de l'humain. Celui-ci est sorti des mains de Dieu (*Genèse* 2, 7) et fait comme lui (*Gn* 1, 27); il doit devenir saint comme Yahvé est saint (*Lévitique* 19, 2) et parfait comme Dieu est parfait (*Matthieu* 5, 48), bref, participer à la nature divine elle-même (2 *Pierre* 1, 4).

Ce qui est condamné dans le récit de la faute originelle, ce n'est donc pas le désir de devenir comme Dieu, puisque c'est là la vocation fondamentale de l'humain, mais c'est précisément le refus d'assumer cette vocation dans la durée, dans la lenteur de la croissance. Adam et Ève doivent grandir, c'est là la vocation que Dieu leur a assignée. Or grandir, c'est être fécond, porter du fruit, c'est apprendre lentement, par essais et erreurs, à discerner le bien du mal, à faire la différence entre les choix qui font avancer et ceux qui retiennent en arrière.

La *Lettre aux Hébreux* rapppelle dans ce sens que c'est effectivement aux «parfaits» qu'est réservé ce discernement, c'est-à-dire à ceux qui ont sérieusement cheminé dans leur humanité, à «ceux qui, par l'habitude, ont le sens moral exercé au discernement du bien et du mal» (*He* 5, 14).

La faute d'Adam et d'Ève est donc de vouloir court-circuiter ce processus d'apprentissage, de vouloir se transporter tout de suite au terme et de demander à un rite magique de les extraire de la durée en les rendant tout de suite parfaits, en leur apprenant tout tout de suite. Ce qui est la tentation suprême, c'est de croire qu'une révélation venue d'en haut, tombée de l'arbre, permettra de tout comprendre («vos yeux s'ouvriront», dit le serpent — *Gn* 3, 5) et d'échapper ainsi à la peine et aux lenteurs des cheminements et des questionnements.

Bref, le péché originel, le handicap fondamental, c'est d'utiliser un rite religieux (manger le fruit sacré) ou la révélation religieuse (avoir les réponses d'en haut) pour éviter de s'engager à fond dans son humanité, pour éviter d'avoir à payer de sa personne pour apprendre, s'unifier et grandir.

La faute originelle est traditionnellement interprétée comme un péché d'orgueil, alors que l'interprétation proposée ici rejoindrait davantage le péché de paresse, selon le vocabulaire traditionnel. Mais le mythe du péché originel vise à saisir l'humain dans sa situation existentielle globale, et cette situation est complexe. Le paresseux hésite devant l'effort parce qu'il n'a pas la simplicité d'admettre qu'il lui faut passer par là. L'humble admet volontiers pour sa part qu'il n'est pas rendu à destination et n'a pas la prétention de croire qu'il mérite un statut spécial. L'orgueilleux nie sa réalité d'être en cheminement, et croit que tout lui est dû tout de suite. Il veut sortir coûte que coûte d'une situation qui n'est pas à son avantage, alors que l'humble accepte de cheminer lentement à partir de cette situation.

Il faut donc se garder de l'illusion d'optique, lorsqu'on tente d'interpréter le mythe de la faute originelle. Le récit semble expliquer à première vue *pourquoi* l'humain est devenu pèlerin, comme si la situation du départ était d'être arrivé. Mais en réalité, le message qu'une lecture attentive fait affleurer est bien que c'est le refus des pèlerins d'accepter leur pèlerinage qui a pour effet de rendre celui-ci plus long et plus pénible.

C'est pourquoi le *Livre de la Genèse* enchaîne peu de temps après sur le récit d'Abraham, qui deviendra l'ancêtre du chrétien dans la foi, justement pour avoir accepté, lui, d'entreprendre son long pèlerinage, «ne sachant où il allait» (*Hébreux* 11, 8) et donc sans connaître la durée de ce pèlerinage, alors qu'Adam est devenu l'ancêtre dans la désobéissance, c'est-à-dire dans le refus d'apprendre au fil de son quotidien.

On voit donc comment les concepts de pèlerinage, de mandat d'apprendre, de vocation à participer pleinement à la nature divine, sont au coeur de la tradition chrétienne aussi bien que de plusieurs traditions orientales.

6. L'ABANDON DU MOI

Dans la spiritualité chrétienne, tout progrès véritable implique le détachement. La signification même de ce mot indique que le pèlerin ne saurait progresser dans son voyage tant que quelque attachement le retient en arrière. Les attaches les plus fréquentes sont celles qui concernent les biens matériels, le confort physique et psychologique, ainsi que l'image de soi. Au plan psychologique, le besoin de stabilité dans l'image de soi est tel qu'un sujet peut avoir rompu depuis longtemps avec un environnement matériel ou social, et continuer néanmoins à se sentir bloqué dans sa croissance par un attachement trop fort à son image personnelle. Il est bien connu qu'on ne peut pas changer tant qu'on se trouve trop ceci ou trop cela, ou pas assez ceci ou pas assez cela.

Les auteurs spirituels sont bien familiers avec ce phénomène, eux qui identifient le «renoncement au moi» comme l'enjeu ultime de la vie spirituelle, c'est-à-dire comme la condition essentielle pour que le sujet puisse accéder à sa créativité et à sa fécondité profondes. Jean de la Croix résume les sommets de la purification mystique par le fait que «Dieu détache l'âme de tout ce qui n'est pas lui». Au plan psychologique, cette expérience consiste pour le sujet à perdre ses derniers appuis, c'est-à-dire à liquider les dernières résistances par lesquelles il s'accrochait encore à ce qui lui permettait de se dire «quelqu'un».

Le mystique espagnol explique que cette expérience consiste à «sortir de soi», et non plus seulement à quitter des possessions matérielles, à rompre avec des relations sociales ou à se défaire de «possessions psychologiques: comme des habitudes, des attraits, etc. Or, le dernier refuge du moi, sa dernière «maison», c'est son image personnelle, ou en d'autres termes le sentiment de son identité, ce sentiment subtil qui permet au sujet de dire *moi, je...*

C'est seulement lorsque le sujet s'est risqué à découvert, hors de la maison de son identité, lorsqu'il a risqué la vulnérabilité totale, qu'il se trouve libéré pour de nouvelles étapes dans sa trajectoire. Jean de la Croix écrit ainsi que c'est lorsque l'âme n'est plus «empêchée de sortir d'elle-même» qu'elle «comprend combien misérable était sa servitude» antérieure.[15]

Un auteur chrétien, qui refuse par ailleurs les perspectives réincarnationnistes, admet cependant, dans la ligne de ce qui précède, qu'«il ne peut y avoir d'union parfaite sans la perte complète du soi» et que «l'individualité qui s'agrippe à elle-même doit complètement disparaître pour que l'union parfaite devienne possible».[16]

Jésus résume pour sa part cet enjeu central de la croissance humaine en disant que «qui cherchera à sauver sa vie la perdra, et qui la perdra la conservera» (*Luc* 17, 33). Nous touchons ici à l'épreuve ultime pour le croyant anxieux: accepter de céder les derniers retranchements les plus intimes de sa familiarité: son corps, son sentiment d'être quelqu'un, la certitude que son moi familier sera malgré tout sauvé de la mort...

Il y a ici un point de contact entre cet enjeu de fond de la spiritualité chrétienne d'une part, et l'expérience de perte de son identité personnelle «superficielle» qui est impliquée dans l'expérience de la réincarnation: moi, portant tel nom, associé à tel corps, ayant vécu dans tel environnement, etc. Et dessous beaucoup d'objections d'allure philosophique ou théologique, c'est ce refus de perdre son identité personnelle, de renoncer à son moi propre, de se penser sans son corps familier, que l'on retrouve fréquemment.

Ceci n'implique aucunement que les perspectives réincarnationnistes ne soulèvent pas de difficultés philosophiques ou théologiques. Mais on peut penser que si les objectants catholiques étaient davantage conscients de ce défi qui est au coeur de leur propre tradition spirituelle, leur approche de la perspective réincarnationniste s'en trouverait nuancée dans la majorité des cas.

Ce dernier point complète le tour d'horizon que nous nous étions proposés dans le présent chapitre.

1. OMBRES, R., *Theology of Purgatory,* Dublin, The Mercier Press, 1978, p. 61.
2. RAHNER, K., *Theological Investigations*, Vol. X, London, Darton, Longman and Todd, 1973, p. 153.
3. SERTILLANGES, A., *Les fins humaines*, Montréal, Éditions de l'Arbre, 1946, p. 73.
4. LUCAS, J., *Mystère au seuil du paradis*, Paris, Alsatia, 1939, pp. 100-101.
5. JUGIE, *Le purgatoire...*, p. 51.
6. OMBRES, *Theology...*, p. 62.
7. BERGERON, R., *Faites vos jeux! Réincarnation et résurrection,* Les carnets bibliques, Ottawa, Novalis, 1979, p. 26.
8. HENRY, A.-M., dans *Initiation théologique*, T. IV (en collaboration), Paris, Cerf, 1956, p. 844.
9. Voir surtout: ERIKSON, E., *Identity, Youth and Crisis,* New York, Norton, 1968; KOHLBERG, L., Moral Stages and Moralization, The Cognitive Developmental Approach, dans *Moral Development and Behavior, Theory, Research and Social Issues,* Thomas Lickona Editor, Holt, Rinehart and Winston, pp. 31-53; MASLOW, A., *Motivation and Personality,* Second Edition, New York, Harper and Row, 1970 (c. 1954); LOWEN, A., *La bioénergie,* Montréal, Éditions du Jour, 1977 (c. 1970), pp. 133-154.
10. RAHNER, K., *Theological Investigations*, Vol. III, London, Darton, Longman and Todd, 1967, p. 15.
11. JARRETT, B., Go We Must, dans *Life After Death — An Anthology,* Earl of Wicklow Ed., Dublin, Clonmore and Reynolds, 1959, pp. 13-14.
12. Citée par SMITH, H., *The Religions of Man*, New York, Harper and Row, 1965 (c. 1958), pp. 157-158.
13. LACOMBE, O., ESNOUL, A.-M., *La Baghavad-Gita*, Paris, Seuil, 1976 (c. 1972), p. 54.
14. GROU, C., Réincarnation et pensée chrétienne, dans *Nouveau Dialogue,* no 42, novembre 1981, pp. 19 et 20.
15. JEAN DE LA CROIX, *La nuit obscure et La vive flamme d'amour,* (traduction H. Hoornaert), Montréal, Granger Frères, 1915, pp. 101 et 103.
16. DE SILVA, L., *Reincarnation in Buddhist and Christian Thought,* Colombo, Christian Literature Society of Ceylan, 1968, p. 158.

CHAPITRE 14

Bouddha, Moïse et Jésus

Dans le prolongement du chapitre qui précède, nous tenterons d'opérer un rapprochement entre l'itinéraire de trois grandes figures religieuses. Ce faisant, nous ne traiterons pas de la réincarnation comme telle, mais de la signification spirituelle des cheminements attribués à ces figures religieuses.

Aligner les noms de Bouddha, de Moïse et de Jésus, c'est mettre côte à côte la semence de trois des cinq grandes religions du monde. Mais avant d'être des fondateurs religieux, ces trois grands noms ont été des personnes, confrontées chacune à son expérience humaine propre. Il arrive certes que l'existence historique de Bouddha ou de Moïse soit contestée, et sans aller aussi loin, il est très difficile de dégager le soubassement historique des récits légendaires au travers desquels la connaissance de ces figures nous est parvenue.

Mais ce qui importe pour l'instant, c'est le *sens* qui est attribué par les disciples de ces hommes à ce qui a pu être vécu par chacun d'entre eux. Contrairement au langage courant pour qui un mythe égale une fausseté, en contexte religieux, un mythe est une vérité profonde présentée à travers une image ou un récit. Quelle que soit la part des images ou des légendes, les croyances relatives à Bouddha, à Moïse et à Jésus (quoique celui-ci soit beaucoup plus près de l'histoire que les deux autres), ces croyances, donc, véhiculent des vérités humaines d'une très grande valeur.

Pour aider à saisir la portée d'une des vérités fondamentales qui sont au coeur de chacune de ces trois grandes religions, j'ai pensé faire un rapprochement entre une expérience humaine de base qui est attribuée respectivement à Bouddha, à Moïse et à Jésus.

LA «SORTIE» DE BOUDDHA

Siddharta Gautama (qui allait devenir par la suite le Bouddha, c'est-à-dire celui qui a reçu l'illumination) était le fils d'un roi et grandit dans le confort et le luxe. Comme il était exceptionnellement beau et prometteur, des devins prédirent que cet enfant deviendrait ou bien un chef politique très puissant, ou bien un maître religieux d'une grande fécondité.

Ébranlé par cet oracle, le roi son père décida de prendre les moyens pour tuer dans l'oeuf toute possibilité de «vocation religieuse», de manière à ce que son fils puisse devenir le leader politique évoqué, et réaliser éventuellement l'unification dans un seul royaume de l'Inde morcelée jusque-là en une multitude de principautés mineures.

C'est ainsi que le roi prit les dispositions pour qu'on éloigne de la vue de son fils tout ce qui aurait pu amener celui-ci à remettre en question son existence sans problème à la cour: ni souffrance, ni maladie, ni pauvreté ou inégalité sociale, ni mort; rien de tout cela ne devrait entrer en contact avec son fils de manière à le détourner de l'idée du pouvoir.

Mais ce qui devait arriver finit par arriver: Siddharta fut un jour confronté à un vieillard, puis à un mendiant, à un malade et finalement à un cadavre. Obsédé par cette réalité de la souffrance, du vieillissement et de la mort, il arriva par la suite que le prince se leva en pleine nuit, jeta un dernier regard à son épouse et son enfant bien-aimés qui dormaient, et *sortit*, c'est-à-dire se mit en route dans le monde, à la recherche d'une réponse à cette question qui était venue l'assaillir au coeur de son environnement protégé.

Cette *sortie*, cet ébranlement existentiel au sein de l'abondance matérielle et du confort psychologique, ce «renoncement à tous ses biens» pour s'engager dans la recherche spirituelle, allaient faire progresser Siddharta de plus en plus profondément sur la voie du réel, jusqu'à ce que, devenu le Bouddha, il en aide des millions d'autres à marcher à sa suite, à opérer les mêmes déblocages et à faire les mêmes découvertes...

LA POLITISATION DE MOÏSE

Un enfant d'une grande beauté de la tribu de Lévi (qui allait devenir par la suite Moïse, c'est-à-dire celui qui a été sauvé des eaux) grandit à la cour du pharaon dans le confort et le luxe, coupé de ses frères, travailleurs de la construction, qui étaient maltraités et opprimés. «Ainsi Moïse fut-il instruit dans toute la sagesse des Égyptiens, et il était puissant en paroles et en oeuvres.» Il est toujours plus facile de se faire une sagesse, fût-elle tronquée, quand on est en haut de la pyramide sociale! Il est toujours plus facile de bâtir des empires économiques ou autres quand on est du côté du pouvoir et que le peuple opprimé travaille pour soi.

Mais un jour, «comme il atteignait la quarantaine, la pensée lui vint de visiter ses frères» (*Actes des Apôtres*, 7, 22-23; voir *Exode* 2). Et ce fut pour Moïse le commencement d'une «longue période» (*Ex* 2, 23) pendant laquelle sa conscientisation sociale déboucha sur un cheminement spirituel qui le mena par la suite sur le chemin de la libération politique devant donner naissance au judaïsme.

Dans les deux cas, on a une personne de condition royale qui sait beaucoup de choses mais qui ignore l'essentiel, qui a tout sauf l'essentiel, qui est protégée de tout sauf des idées et des questions qui peuvent monter du fond d'elle-même. Dans les deux cas également, on a la réalisation de la promesse que Jésus fera par la suite à ses auditeurs: «Cherchez et vous trouverez», posez-vous des questions et vous trouverez des réponses, mettez-vous en marche et vous arriverez quelque part... (*Matthieu, 7, 7*).

LE DÉMÉNAGEMENT DE JÉSUS

Un enfant de la tribu de Juda (qui allait devenir par la suite le Christ, c'est-à-dire celui qui a reçu l'onction) grandit dans la tranquillité protégée d'un minuscule village palestinien du début de notre ère. Sa naissance fut remarquée par des devins, et l'on supputa ses chances de devenir «pasteur d'Israël». Mais contrairement au roi indien, le roi palestinien n'est pas emballé par cette perspective d'un leadership politique, et prend des dispositions en conséquence (*Matthieu*, 2).

Mais alors que Siddharta semble avoir effectué globalement le passage du politique au spirituel et que Moïse semble avoir bien intégré leadership spirituel et leadership politique, le choix semble avoir été beaucoup plus laborieux pour Jésus. Jusqu'à la fin, Jésus sera tenté par le messianisme politique, c'est-à-dire par l'intervention socio-politique directe, ce qui est notamment attesté par les récits des tentations (*Luc* 4, 1-13 et parallèles).

Certains esprits près des pouvoirs politiques ou économiques ont intérêt à tracer une frontière étanche entre le politique et le religieux. Mais si ces deux domaines d'intervention étaient effectivement aussi différents l'un de l'autre, Jésus aurait-il hésité si longuement et si péniblement entre les deux?

C'est la souffrance humaine qui a «sorti» Bouddha de la cour royale. C'est l'oppression socio-politique qui a «sorti» Moïse de la cour du pharaon. Demandons-nous maintenant ce qui a «sorti» Jésus de la tranquillité de Nazareth. L'*Évangile de Marc* nous donne la séquence suivante: la prédication de Jean-Baptiste fait «venir» Jésus de son village une première fois; puis il y a l'arrestation du baptiste, après quoi Jésus quitte définitivement son village pour aller s'établir à Capharnaum (*Marc* 1, 1-2, 1).

Il ressort de ce texte que Jean-Baptiste a eu sur Jésus l'impact que la souffrance a eu sur Bouddha et que l'oppression a eu sur Moïse. Pour en savoir plus long sur cet impact, il faut comprendre que le Baptiste situe ses interventions à la frontière du politique et du spirituel. Il est religieux mais il intervient en bordure du désert, et donc loin du Temple ou de la Synagogue. Il exécute un rite religieux mais il exhorte au partage matériel, à la justice sociale et au respect des droits humains (*Luc* 3, 10-14), ce qui le situe nettement du côté de la scène politique et ce qui entraînera de fait son exécution sous la pression du pouvoir (*Marc* 6, 26-27).

Cet impact du Baptiste a donc permis à Jésus de faire sa «sortie», comme Bouddha et Moïse avaient fait la leur avant lui, et comme tous les autres prophètes de l'Ancien Testament avaient dû la faire, eux aussi. Mais en contexte biblique, les prophètes se situent à la jonction du religieux et du politique, ce qui explique que Jésus ait eu tant de difficulté à situer clairement sa propre intervention et qu'il ait été finalement exécuté à la fois pour des motifs religieux («il blasphème») et politiques («il soulève le peuple»).

On retrouve d'ailleurs cette interpénétration du politique et du religieux dans le titre même de *Christ* qui est attribué à Jésus: «L'Esprit du Seigneur est sur moi, parce qu'il m'a consacré par l'onction (oint= Christ). Il m'a envoyé porter la bonne nouvelle aux pauvres, annoncer aux captifs la délivrance et aux aveugles le retour à la vue, rendre la liberté aux opprimés...» (*Luc* 4, 18).

Quoi qu'il en soit, Jésus a assumé sa sortie de Nazareth, il a quitté les siens et l'Évangile nous laisse entendre que ce ne fut pas nécessairement facile (*Marc* 3, 31-35 et 20-21). C'est pourquoi Jésus laisse entendre que la *sortie* implique toujours une rupture avec ses proches, comme on nous rapporte que ce fut physiquement le cas pour Bouddha: «Qui aime son père ou sa mère plus que moi n'est pas digne de moi. Qui aime son fils ou sa fille plus que moi n'est pas digne de moi...» (*Matthieu,* 10, 37).

L'*Évangile de Jean* nous rapporte à sa façon que Jésus voulait aider les autres à opérer dans leur vie la sortie qu'il avait opérée dans la sienne, c'est-à-dire à sortir de l'enclos du confort, du familier, des horizons restreints. Lorsque le Jésus de l'*Évangile de Jean* entreprend de s'identifier comme pasteur, il situe ses interventions pastorales spécifiquement dans cette visée de la sortie de l'enclos : «Ses brebis à lui, le pasteur les appelle une à une et les fait sortir. Quand il a mis dehors ses bêtes, il marche devant elles et les brebis le suivent...» (*Jean* 10, 3-4).

Quitter la bergerie fermée pour se risquer dehors à vivre son cheminement à l'appel du maître spirituel, voilà l'essentiel du christianisme autant que du bouddhisme, pour ne rien dire des autres religions...

LA PROTECTION CONTRE LA RÉALITÉ

Mais l'apôtre Paul va plus loin encore que les évangélistes, et situe la *sortie* de Jésus au niveau de sa condition divine elle-même. Le propre d'un enclos est de protéger ceux qui y vivent contre les dangers et les souffrances de toutes sortes : questionnements, déceptions, confrontations, perte des illusions, longs apprentissages, etc. On me raconte que des parents d'une banlieue très cossue de Montréal avaient entrepris de «protéger» leur fils unique contre toute souffrance et tout questionnement provoqués par les inégalités sociales. La mère expliquait à son fils la signification de la pauvreté en les comparant aux voisins plus riches qu'eux. Ainsi, ils étaient (relativement) pauvres parce qu'ils devaient se contenter d'une piscine extérieure, alors qu'un de leurs voisins avait une piscine semi-intérieure et semi-extérieure.

Lorsque des parents ont ainsi commencé à «protéger» leur enfant, ceci peut aller jusqu'à l'absurde. On raconte que le père de Siddharta avait engagé 40,000 danseuses pour «distraire» son fils, au sens de l'empêcher de penser. Ce nombre peut sembler un peu excessif, mais quand on regarde les sommes qui sont englouties par certains parents riches pour permettre à leurs enfants «d'avoir

une enfance heureuse», on se retrouve dans une dynamique tout à fait semblable.

Un autre excès : la mère dont je parlais tantôt avait pris
l'habitude de demander à son garçon de se baisser la tête
lorsqu'ils entraient à Montréal en auto et qu'ils devaient
pour ce faire traverser un quartier pauvre. Geste excessif
qui sort de l'ordinaire. Mais combien de parents aisés for-
cent leurs enfants à détourner la tête au moyen d'un
stratagème aussi grossier lorsque ces enfants les inter-
rogent sur la pauvreté dans le monde ?

Ces parents veulent épargner la souffrance à leurs enfants, en bâtissant plus ou moins consciemment autour
d'eux un enclos de rationalisations et de négations : il y a
des pauvres à l'étranger, mais pas ici au pays, les gens sont
pauvres parce qu'ils ne savent pas s'organiser, nous faisons
notre part, etc., et avec le temps, les enfants qui grandissent
finissent par s'accommoder plutôt bien de ces univers
étroits. Il y a, seulement en Amérique du Nord, des millions
de cadres et de professionnels qui, tout comme Moïse, ont
parfaitement assimilé la «sagesse» de leur milieu ambiant,
mais à qui, contrairement à Moïse, l'idée n'est pas encore
venue de *sortir* pour aller visiter leurs frères et soeurs sur le
terrain réel de la misère collective.

L'OBÉISSANCE COMME OUVERTURE AU RÉEL

J'ai écrit plus haut que l'apôtre Paul a reculé jusqu'au
plan de la préexistence de Jésus pour se représenter sa
sortie vers le terrain réel de la misère humaine : «Lui qui est
de condition divine n'a pas considéré comme une proie à
saisir d'être l'égal de Dieu. Mais il s'est dépouillé, prenant la
condition de serviteur, devenant semblable aux hommes,
et, par son aspect, il était reconnu comme un homme ; il
s'est abaissé, devenant obéissant jusqu'à la mort, à la mort
sur une croix. » (*Philippiens*, 2, 6-8).

Ce texte existait sous forme d'une hymne avant même
que Paul ne rédige sa lettre, mais celui-ci l'a incorporé à
son écrit parce qu'il jugeait que la démarche de Jésus

devait être exemplaire pour ses disciples. L'insistance de Paul n'est pas ici sur la divinité de Jésus, mais sur le fait que les chrétiens doivent assumer dans leur vie la démarche que Jésus a assumée dans la sienne: «Comportez-vous ainsi entre vous, comme on le fait en Jésus-Christ: lui qui est de condition divine...» (verset 5).

Et ce qui est spécifiquement attendu des disciples de Jésus, c'est qu'ils s'incarnent comme lui dans la réalité humaine, qu'ils ne s'accrochent pas à leurs privilèges de classe pour se fermer à la réalité humaine qui les sollicite. Et plus spécifiquement encore, l'enjeu de cette sortie ou de cette incarnation est un enjeu d'apprentissage. Il s'agit d'apprendre à «devenir obéissant». La Lettre aux Hébreux revient elle aussi sur cet apprentissage de l'obéissance par Jésus: «Tout Fils qu'il était, il apprit par ses souffrances l'obéissance, et, conduit jusqu'à son propre accomplissement...» (5, 8-9).

Il y a trois choses qui ressortent de ce texte. La première est que l'obéissance est une attitude qui s'apprend et se développe. On «devient» obéissant à force d'essayer de le devenir! Deuxièmement, l'obéissance n'est pas la soumission à un ordre ou un modèle extérieur, bien que ce puisse l'être à l'occasion, mais la docilité, c'est-à-dire, selon l'étymologie même du mot, la capacité de se laisser instruire par la vie. Si Jésus a atteint sa pleine réalisation, c'est qu'il a laissé la vie lui enseigner tout ce qu'elle avait à lui apprendre (ce qui est l'équivalent de dire qu'il a laissé Dieu lui enseigner tout ce qu'il avait à lui apprendre).

Un commentateur de ce passage écrit à ce sujet: «La perfection de la personne humaine n'équivaut pas à une qualité statique d'excellence; elle consiste dans la réponse parfaite (ou tout à fait appropriée) à chacune des circonstances changeantes de la vie.»[1] On devient docile dans la mesure où l'on accepte de se mettre en situation d'apprendre à partir de la vie, dans la mesure où l'on apprend à relever les différents défis que l'existence nous réserve aux différentes étapes de notre cheminement.

Nous sommes ici très proches des perspectives réincarnationnistes, selon lesquelles la personne humaine chemine lentement vers la pleine réalisation de son être, à travers les multiples apprentissages qu'elle fait dans les différents environnements dans lesquels elle se retrouve.

Enfin, la troisième observation que l'on peut faire sur le texte de *Hébreux* et sur celui de *Philippiens,* porte sur le tandem apprentissage-souffrance. Jésus «apprit *par ses souffrances* l'obéissance». Il n'est pas facile d'apprendre par essais et erreurs, mais c'est à ce jour la seule façon d'apprendre que les humains aient trouvée. Tout apprentissage est plus ou moins pénible. Certains le sont très peu : je peux «apprendre» les tics de mon idole sans même m'en apercevoir, et c'est avec plaisir que j'apprends les règles d'un nouveau jeu vidéo. Mais plus je me rapproche de l'essentiel : apprendre l'authenticité et la transparence, le partage, le pardon, l'autonomie, l'indignation face à l'injustice, etc., plus alors je dois investir de moi-même et consentir à cet investissement sur une longue période. C'est alors que le caractère pénible de ces apprentissages ne pourra manquer de faire surface.

Les développements qui précèdent font ressortir les convergences profondes entre Bouddha, Moïse et Jésus et, puisque ces trois figures ont valeur d'exemplarité, entre le bouddhisme, le judaïsme et le christianisme. Bouddha, de condition royale, n'a pas considéré comme une proie à saisir d'être l'égal de son père, mais il s'est dépouillé, prenant la condition de pèlerin. Moïse non plus n'a pas voulu s'accrocher aux nombreux privilèges auxquels sa situation à la cour du pharaon lui donna accès. Et Jésus non plus. Mais tous trois se sont dépouillés pour sortir à la lente conquête de leur humanité plénière, et c'est ce que toutes les grandes religions du monde proposent à leurs adhérents.

---

1. MONTEFIORE, H., *A Commentary on the Epistle to the Hebrews,* London, Adam & Charles Black, 1964, p. 100.

CHAPITRE 15

Quelques difficultés

La rencontre entre les perspectives réincarnationnistes et les perspectives chrétiennes soulève un certain nombre de difficultés, dont le présent chapitre se propose d'énumérer les principales. Dans une dynamique de dialogue, nous ferons suivre la présentation de chacun de ces points par quelques pistes de réflexion qui pourraient permettre de poursuivre l'exploration plus avant.

LE SILENCE DE LA BIBLE

La difficulté la plus sérieuse provient sans contredit du silence à peu près absolu de la Bible par rapport à la réincarnation. Un certain nombre de réincarnationnistes interprètent bien sûr différents passages du *Nouveau Testament* dans le sens de leurs croyances. Encausse écrit ainsi: «La religion chrétienne s'est-elle occupée de la réincarnation? On peut répondre franchement par l'affirmative. Tout d'abord les Évangiles affirment sans ambages que Jean-Baptiste est Élie réincarné. (...) Il y aussi cette parabole de l'aveugle de naissance puni pour ses péchés antérieurs...»[1]

Essayons de voir de plus près. Tout d'abord, il n'est pas possible d'établir à partir de l'*Ancien Testament* que les Juifs croyaient à la réincarnation. Il semble toutefois que l'historien juif Flavius Josèphe, qui écrit en même temps que les auteurs du *Nouveau Testament,* maintienne pour sa part que les Esséniens et les Pharisiens acceptaient cette croyance. Un théologien biblique écrit ainsi: «Flavius Josèphe fait des Esséniens les adeptes de la croyance pythagoricienne de la préexistence des âmes; ailleurs, il introduit la doctrine orphique d'une réincarnation des âmes, une doctrine qu'il sollicite, semble-t-il, dans le sens d'une résurrection, puisque seules les âmes pures et saintes doivent reprendre un corps.»[2] La crédibilité de cet historien juif antique est cependant fréquemment mise en doute par les auteurs catholiques, à cause, dit-on, de sa tendance à prêter à ses compatriotes plus de croyances grecques qu'ils n'en auraient de fait professé.

Quoi qu'il en soit, on peut affirmer que les Juifs sinon partageaient, du moins connaissaient les croyances en la réincarnation. La Palestine a été conquise et occupée tellement longtemps par des peuples qui croyaient à la réincarnation (notamment les Grecs), qu'il est aussi difficile d'imaginer un Juif du temps de Jésus qui n'aurait pas entendu parler de réincarnation qu'il serait difficile d'imaginer un Occidental d'aujourd'hui qui n'aurait pas entendu parler d'inconscient ou de complexe d'Œdipe.

Et cette affirmation est encore plus vraisemblable si l'on distingue entre les positions doctrinales officielles des autorités juives d'une part, et les croyances populaires de l'autre. Si, dans cinq cents ans d'ici, quelqu'un dépouillait ce qu'il pourrait retrouver des documents des évêques et des théologiens catholiques québécois des années 1970-1980, il serait amené à conclure que les catholiques de cette époque ignoraient ou rejetaient systématiquement la croyance en la réincarnation. Mais si ce chercheur pouvait interroger les catholiques ordinaires de la même époque, il parviendrait probablement à des conclusions beaucoup plus nuancées.

Certains textes du *Nouveau Testament* nous laissent entendre dans ce sens qu'on croyait que des personnages défunts pouvaient revenir dans des contemporains. C'est ainsi que lorsque Jésus demande à ses disciples qui est le Fils de l'Homme, il reçoit la réponse suivante: «Pour les uns, il est Jean-Baptiste (alors décédé): pour d'autres, Élie; pour d'autres encore, Jérémie...» (*Matthieu* 16, 14). Pareillement, Jésus déclare à propos de Jean-Baptiste, alors emprisonné: «Si vous voulez m'en croire, il est cet Élie qui doit revenir. Que celui qui a des oreilles entende!» (*Matthieu* 11,

14). Et finalement, Jésus dira, toujours à propos de Jean-Baptiste: «Élie doit venir et tout remettre en ordre; mais je vous le dis, Élie est déjà venu, et ils ne l'ont pas reconnu...» (*Matthieu* 17, 12).

Ces textes sont difficiles à interpréter, de l'avis même des commentateurs chrétiens, dont plusieurs affirment que le dernier texte à tout le moins, celui de *Matthieu* 17, 12 et parallèles, a été embrouillé par des inversions ou des interpolations[3], ce qui est un signe qu'il faisait problème aux premiers lecteurs chrétiens.

Si l'on désire exclure l'interprétation réincarnationniste, il faut comprendre: Élie est revenu *comme s'il* était Jean-Baptiste, ou plutôt: Jean-Baptiste *symbolise* Élie à tel point que l'on croirait que ce dernier est revenu en personne, ou encore: l'esprit prophétique, présent dans la personne d'Élie, est redevenu actif dans la personne de Jean-Baptiste.

Les réincarnationnistes trouvent par ailleurs que ces détours et ces paraphrases sont artificiels et peu convaincants, d'autant plus qu'Élie avait lui-même exécuté des prophètes qui ne pensaient pas comme lui (*I Rois* 18, 40), se préparant ainsi à subir lui-même le même sort des mains d'Hérode, une fois réincarné en Jean-Baptiste, étant donné qu'on est puni par où l'on a péché...

On retrouve un autre texte controversé au chapitre neuf de l'*Évangile de Jean*, consacré à la guérison de l'aveugle-né par Jésus. On connaît la question des disciples: «Qui a péché, lui ou ses parents, pour qu'il soit né aveugle?», et la réponse de Jésus: «Ni lui ni ses parents...» (9, 2-3). Les Juifs croyaient traditionnellement à la rétribution terrestre, c'est-à-dire au malheur comme châtiment des péchés et au bonheur comme récompense des vertus. Mais dans un cas-limite comme celui auquel les confronte le cas d'un homme «puni» dès sa naissance, les disciples étaient perplexes: devait-on s'en tenir à l'explication traditionnelle, en vertu de laquelle le péché des parents peut même retomber sur leurs enfants, ou se tourner vers cette explication nouvellement introduite en Palestine, et selon laquelle on «reviendrait» expier les fautes commises antérieurement?

Les autorités religieuses se montraient farouchement opposées à de telles idées réincarnationnistes, à tel point qu'elles n'hésitaient pas à recourir à des explications passablement alambiquées pour exclure l'hypothèse réincarnationniste. C'est ainsi que le commentateur de la *Traduction oecuménique de la Bible* écrit que «certains rabbins attribuaient la faute à l'enfant lui-même, au cours de la gestation».

Il semble que Jésus a refusé de répondre à la question, selon son habitude lorsqu'on lui posait des colles (comme pour le paiement de l'impôt romain — *Marc* 12, 13-17, et la question sur l'origine de son autorité — *Luc* 20, 1-8). Mais si Jésus avait cru à la réincarnation, il serait surprenant qu'il n'en ait jamais parlé. Cet épisode aurait été une belle occasion, de même que son entretien avec Nicodème, sa proclamation des béatitudes, son image du grain de blé, sa prophétie du jugement, etc.

Les réincarnationnistes répondront à cela que dans un milieu juif très nationaliste, très réfractaire aux influences religieuses associées aux conquérants et très conservateur, Jésus devait y aller graduellement, selon la parole de *Jean* 16, 12: «J'ai encore beaucoup de choses à vous dire, mais vous ne pouvez pas les porter maintenant.»

Mais la pensée chrétienne ne serait jamais parvenue à la croyance à la réincarnation, à cause du court-circuit provoqué par la croyance à l'imminence de la fin du monde. Étant donné que Jésus devait revenir incessamment, il était tout à fait oiseux de réfléchir sur la réincarnation: «Nous les vivants, nous qui serons encore là pour l'Avènement du Seigneur...» (*I Thessaloniciens* 4, 17). La pensée chrétienne se serait donc structurée en fonction d'une persévérance à très court terme dans la foi, et n'aurait pas évolué d'une façon significative par la suite au chapitre de ce qui attend les humains à leur mort, à l'exception des développements sur le purgatoire. Nous terminerons cette section sur ces hypothèses, qui tentent d'expliquer le silence à peu près total de l'Écriture sur le thème de la réincarnation.

PRÉEXISTENCE ET CRÉATION

Les catholiques croient généralement que l'âme est directement créée par Dieu au moment de la naissance, alors que dans les perspectives réincarnationnistes, l'âme préexiste nécessairement au corps. À cette première difficulté s'en ajoute une deuxième: les catholiques croient volontiers que selon la religion hindoue, l'âme ne serait pas créée par Dieu dans un geste libre de sa part, mais qu'elle serait une émanation éternelle de Dieu, comme si elle découlait nécessairement de celui-ci.

Mais au lieu de dresser ces deux perspectives l'une contre l'autre en amplifiant leurs différences, on peut tenter de discerner ce qu'elles ont en commun. Ce qui est essentiellement en cause pour la foi chrétienne lorsqu'elle tente de se situer face au mystère de la création, c'est la transcendance de Dieu, c'est-à-dire le fait que celui-ci soit à l'origine absolue du réel, et qu'il demeure foncièrement un mystère par rapport à ce réel.

Or, beaucoup d'hindous voient eux aussi en Dieu la source unique et absolue du réel, et ils reconnaissent eux aussi la transcendance de cet être absolu. L'un d'entre eux parle ainsi de «l'Être Suprême, l'ultime régulateur de l'univers, dans l'esprit duquel tous les objets existaient avant la création».[4] Un autre hindou écrit: «Nous ignorons comment l'Esprit Primal (...) a commencé le processus d'évolution, et comment l'esprit épars peut retrouver sa complétude originale dans l'Absolu.» Mais l'obscurité de ce mystère ne modifie pas la situation concrète de l'humain engagé dans l'histoire: «Tout ce que nous, les humains insérés dans le temps et l'espace, pouvons savoir, c'est qu'il y a un processus d'évolution spirituelle qui est amorcé sur une grande échelle dans l'univers, et que ce fait devrait nous guider dans tous nos projets et toutes nos entreprises.»[5]

En pratique, la situation existentielle de l'hindoue rejoint fondamentalement celle de la chrétienne: toutes deux portent au fond d'elles-mêmes une étincelle divine par laquelle elles doivent se laisser progressivement embraser jusqu'à ce qu'elles ne soient plus que lumière. Toutes deux sont des «temples de Dieu» (*I Corinthiens* 6, 19) abritant cette énergie divine par laquelle il s'agit de se laisser guider de plus en plus (*Galates* 5, 25). Un commentateur de la foi hindoue écrit dans ce sens que «bien qu'il soit enfoui trop profondément dans l'âme pour être habituellement remarqué, Dieu est le fondement unique de l'être et de la conscience de l'homme», de sorte que «le défi que l'existence pose à l'homme est de purifier son être de manière à ce que son centre infini soit un jour pleinement manifeste».[6]

Quant à la question de la préexistence de l'âme, qui ne nie pas la création mais qui souligne simplement l'antériorité de l'âme par rapport au corps, on en retrouve une trace dans la Bible. Dans le *Livre de la Sagesse*, écrit en grec une cinquantaine d'années avant la naissance de Jésus, en effet, on peut lire le passage suivant, qui est attribué au roi Salomon: «J'étais, certes, un enfant bien né et j'avais reçu une âme bonne; ou plutôt, étant bon, j'étais venu dans un corps sans souillure.» (8, 19-20).

Malgré les fortes résistances de plusieurs auteurs chrétiens, qui se laissent davantage guider par leurs croyances que par le texte lui-même, des commentateurs sérieux, tels ceux qui ont travaillé à la *Traduction oecuménique de la Bible*, admettent maintenant que ce passage «implique une certaine préexistence de l'âme par rapport au corps». Mais de toute évidence, le texte nous force à aller plus loin. Ce n'est pas seulement l'antériorité de l'âme par rapport au corps qui se trouve affirmée dans ce passage, mais également le lien de cause à effet entre le comportement moral antérieur et le bagage génétique reçu à la naissance: «*Étant bon,* j'étais venu dans un corps sans souillure...»

De plus, on voit ici comment l'auteur a superposé la perspective réincarnationniste (l'âme venant dans un corps) à la perspective biblique traditionnelle (le corps recevant une âme). Larcher, un théologien biblique, écrit ce qui suit: «Une interprétation proposée jadis par le P. Lagrange et F.C. Porter trouve de plus en plus de crédit et rend mieux compte de la progression des idées dans ces deux versets. (...) Pour l'auteur (du texte biblique), le moi personnel est lié davantage à l'âme qu'au corps (... de sorte que) *le corps devient le simple réceptacle d'un sujet personnel déjà constitué.* En fait, l'auteur s'exprime comme si le vrai moi appartenait déjà à l'âme avant l'union au corps et il la montre 'venant' dans le corps.» (C'est moi qui souligne.)

Ce théologien catholique est cependant d'avis qu'il ne s'agit là que d'une impression, que l'auteur biblique a simplifié indûment sa pensée, et que le contexte d'ensemble du livre ne nous permet pas de conclure que celui-ci croyait à la préexistence de l'âme[7], ce qui exclut évidemment toute interprétation réincarnationniste.

La position de Larcher n'est pas tout à fait convaincante, puisqu'elle revient à dire que l'auteur biblique fait *comme si* il croyait à la préexistence de l'âme qui s'incarne dans un corps, et que s'il l'affirme assez clairement, c'est qu'il dépasse en fait sa pensée.La position des réincarnationnistes demeure pour sa part tout aussi fragile, dans la mesure où ce passage est le seul de tout l'*Ancien Testament* à affirmer aussi clairement la préexistence de l'âme.

Mais avec le *Livre de la Sagesse*, nous sommes tout juste au seuil du *Nouveau Testament* et comme on l'a dit plus haut, l'imminence du retour de Jésus viendra enlever aux auteurs néotestamentaires toute envie de reprendre le dossier complexe, controversé, et dans les circonstances, superflu, de la réincarnation.

L'ÂME ET LE CORPS

Les auteurs catholiques qui sont opposés à la réincarnation font valoir l'incompatibilité entre cette approche selon laquelle une âme est successivement associée à plusieurs corps, et la vision chrétienne de la personne humaine. Pour la Bible, disent-ils, l'esprit et le corps forment un tout indissociable, tandis que pour la philosophie thomiste, qui a été considérée pendant des siècles comme la pensée commune de l'Église, il en va exactement de même.

La distinction entre l'esprit (ou l'âme) et le corps, et la relation éventuelle entre les deux, posent effectivement des difficultés fort complexes pour la philosophie et la science contemporaines. Mais il est clair en même temps que les recherches actuelles en parapsychologie sur les phénomènes de conscience «extra-corporelle» nous invitent à ne pas considérer trop rapidement l'esprit comme étant enfermé dans ou limité par les cinq sens traditionnels, et à laisser ouvert ce dossier encore si peu exploré.

Par ailleurs, si l'on affirme sans nuance que l'esprit et le corps ne peuvent exister l'un sans l'autre, on sabre des pans entiers de la représentation catholique de l'existence. C'est ainsi qu'il n'y a plus de culte des saints possibles, si l'esprit ou l'être spirituel d'une croyante canonisée ne peut exister indépendamment de son corps, lequel se trouve conservé dans un tombeau ou une crypte quelconque. Il n'y a plus, de même, de jugement individuel possible, puisque l'âme du défunt ne peut survivre au corps en train de se décomposer sur terre. C'est dès lors la croyance au purgatoire et la prière pour les défunts qui disparaissent du coup.

Et si l'on veut à tout prix maintenir le concept de résurrection, il faut alors affirmer la réunification de l'esprit et de son corps matériel — et non pas «spiritualisé» —, puisque l'esprit ne pourrait exister hors de la matière dont il est supposément indissociable. Le ciel devient nécessairement alors un lieu physique, aménagé sur une des planètes existant présentement ou que Dieu devra créer au jugement dernier, de manière à pouvoir loger tous ces corps ressuscités. Mais qui dit matière dit usure et vieillissement, de sorte qu'on ne pourra ressusciter que pour mourir fatalement de nouveau...

Les théologiens catholiques ne sont pas toujours conscients des contradictions dans lesquelles ils s'enferment lorsqu'ils affirment tout à tour l'unité indissociable du corps et de l'âme d'une part, et la rencontre de l'être avec Dieu à la mort de l'autre, comme c'est le cas notamment de Kung, après bien d'autres.[8] Pour sortir de ces contradictions, il faut donc accepter de reconsidérer l'ensemble de la question de la relation entre l'esprit et la matière ou de l'âme et du corps auquel cette âme se trouve présentement associée. Mais à ce moment, la croyance en la réincarnation cesse d'être une absurdité philosophique pour devenir une hypothèse parmi d'autres, devant être examinée à son mérite.

INDIVIDUS UNIQUES ET ENGAGEMENT DANS L'HISTOIRE

La croyance en la réincarnation risque d'amener à ne pas prendre au sérieux le caractère unique de chaque être humain, étant donné que chacun n'est que le prolongement d'autres personnes et sera prolongé par d'autres personnes aussi, et à ne pas prendre au sérieux non plus l'engagement dans l'histoire. Ces deux questions sont effectivement reliées, puisque si je ne suis pas unique, n'importe qui peut faire à ma ma place ce que j'ai à faire et que je négligerais de faire.

La première difficulté s'aplanit passablement d'elle-même lorsqu'on y réfléchit, car le fait qu'un être donné ait eu à franchir plusieurs étapes pour devenir ce qu'il est présentement n'a pas pour effet d'évacuer le mystère de sa destinée personnelle, bien au contraire. Si l'on croit que la personne qu'on a devant soi a franchi de nombreuses existences impliquant chacune leur part de souffrance, on sera probablement porté à prendre davantage encore au sérieux le mystère associé à l'individualité propre de cet être.

Quant à la seconde difficulté, à l'effet que les réincarnationnistes sont moins portés que les non-réincarnationnistes à prendre au sérieux l'histoire humaine, elle mériterait une considération attentive. Si je crois que mon existence présente n'est qu'une étape parmi d'autres dans une vaste entreprise d'ensemble, je puis être effectivement tenté de ne pas trop m'en faire et de reporter à plus tard mon engagement dans cette tâche. Mais lorsque j'ai compris que l'avancement du projet global est exactement proportionné à la qualité de chacune de ses étapes, j'en viens à prendre au sérieux chacune d'entre elles. C'est ainsi que le réincarnationniste Gandhi prenait également au sérieux son engagement dans sa purification intérieure et son engagement politique.

Au demeurant, si l'on voulait comparer les réincarnationnistes d'un côté et les chrétiens de l'autre, on pourrait dire que les premiers prennent tellement l'histoire au sérieux qu'ils sont convaincus qu'ils reviendront terminer *dans l'histoire* ce qu'ils auront négligé de faire dans l'histoire, alors que les chrétiens aspirent bien souvent à échapper au plus tôt à cette histoire, par une résurrection irréversible. Encore ici, les difficultés soulevées requièrent donc une exploration nuancée.

AFFAIBLISSEMENT DE L'APPARTENANCE ECCLÉSIALE

La croyance en la réincarnation a possiblement pour effet d'entraîner chez le sujet une diminution de sa pratique religieuse et de sa soumission à l'autorité religieuse. Ce qui amène à soulever cette possibilité, c'est que le sujet devient davantage sensibilisé au fait que son progrès spirituel relève davantage de sa disponibilité à relever les défis de sa croissance que de sa pratique de rites religieux ou de son obéissance aux normes religieuses.

Mais encore ici, il faut mettre des nuances, car ce phénomène est complexe et peut être observé dans l'évolution de beaucoup de chrétiennes et de chrétiens non réincarnationnistes. Et par ailleurs, une chrétienne réincarnationniste qui serait cohérente avec elle-même pourrait bien se dire que ce n'est pas par hasard qu'elle a été amenée à vivre son existence présente en contact avec la tradition judéo-chrétienne. Elle pourrait de la sorte en venir à identifier comme des tâches existentielles (comme son dharma) le fait de devoir apprendre la solidarité avec ses frères et soeurs dans la foi, le fait de devoir apprendre à concilier autonomie et appartenance ou liberté intérieure et respect de la tradition, etc., et ce, à travers un cheminement laborieux (karma) n'excluant ni confusion et tensions intérieures, ni tensions et conflits interpersonnels...

Parmi les difficultés explorées dans le présent chapitre, le silence ou du moins l'extrême discrétion de la Bible demeure sans contredit la principale. Si l'on tient compte du fait que la Bible catholique contient pas moins de soixante-douze livres qui ont été écrits sur une intervalle de plusieurs siècles, on peut être tenté de conclure, avec un auteur par ailleurs sympathique aux perspectives réincarnationnistes, que ce silence équivaut à toutes fins pratiques à un rejet.[9]

Si l'on conclut ainsi, il restera toutefois à établir la raison de ce rejet, qui peut aussi bien découler de raisons *doctrinales*, les auteurs bibliques jugeant la réincarnation incompatible avec les perspectives du salut contenues dans leur tradition, que de raisons *psychologiques*, les auteurs bibliques se trouvant spontanément sur la défensive par rapport à des croyances venues d'ailleurs, à l'image des auteurs catholiques contemporains examinés plus haut.

Encore ici, les personnes confrontées à cette question se distingueront soit par leur hâte à fermer au plus tôt le dossier à l'aide d'un argument d'autorité (l'inspiration de la Bible par Dieu), soit au contraire par leur disponibilité à examiner ce dossier à son mérite, d'une façon critique mais accueillante.

1. ENCAUSSE, G., *La réincarnation*, Paris, Dangles, 1968, p. 114.
2. LARCHER, C., *Études sur le Livre de la Sagesse*, Paris, Gabalda, 1969, p. 261.
3. NINEHAM, D., *The Gospel of St Mark,* Penguin Books, 1975 (c. 1963), pp. 238-239; JOHNSON, S., *The Gospel According to St Mark,* London, Adam & Charles Black, 1977 (c. 1965), p. 159; ANDERSON, H., *The Gospel of Mark,* Grand Rapids, Michigan, Eerdmans, 1981 (c. 1976), pp. 228-229.
4. BASAK, R., The Hindu Concept of the Natural World, dans *The Religion of the Hindus Interpreted by Hindus*, K. MORGAN ed., New York, The Ronald Press Co., 1953, p. 86.
5. SARMA, D., The Nature and History of Hinduism, dans *The Religion of the Hindus...,* pp. 14-15.
6. SMITH, H., *The Religions of Man,* New York, Harper and Row, 1965 (c. 1958), pp. 79 et 27.
7. LARCHER, *Études sur le Livre de la Sagesse...,* pp. 273-274.
8. KUNG, H., *Eternal Life? Life After Death as a Medical, Philosophical and Theological Problem,* New York, Doubleday and Company, 1984 (c. 1982), comparer par exemple les pages 110-111 et 138-139.
9. ATKINSON, W., *Reincarnation and the Law of Karma,* Chicago, Advanced Thought Publishing Co., 1908, p. 38.

CHAPITRE 16

Présupposés et conclusions

Tout auteur aborde son sujet avec en tête un certain nombre d'idées ou de principes plus ou moins conscients et plus ou moins critiqués. Au terme de notre exploration, il serait intéressant de dégager ces présupposés qui sont à l'oeuvre chez plusieurs auteurs opposés à la réincarnation que nous avons cités plus haut, de même que les présupposés qui sont à l'oeuvre dans le présent volume. Nous nous arrêterons brièvement aux écrits de Richard Bergeron.

Premier présupposé: Les personnes appartenant à diverses traditions spirituelles sont plus différentes que semblables. En d'autres termes, les chemins religieux empruntés par ces personnes ont pour effet de les éloigner les unes des autres.

C'est ainsi qu'en 1979, Bergeron inventoriait douze différences entre les perspectives réincarnationnistes et les perspectives chrétiennes, mais aucun point de contact possible entre elles.[1] Les croyances des gens ont pour effet de les couper les uns des autres.

Deuxième présupposé: Passé un certain seuil de différence religieuse on n'a plus rien à gagner à essayer de se comprendre.

Dans la conclusion du *Cortège des fous de Dieu*, Bergeron évoque l'expérience d'un prêtre catholique qui a passé de longues années à tenter un rapprochement entre sa foi et la foi hindoue mais qui aurait par la suite admis son échec, et l'auteur écrit qu'une même perspective d'échec attend les partisans du dialogue entre les chrétiens et les autres groupes religieux actuels.[2]

Troisième présupposé: Les religions sont des systèmes doctrinaux bien charpentés avant d'être des traditions spirituelles véhiculant des intuitions de fond sur le mystère humain.

Pour Bergeron, étant donné que «chaque doctrine reçoit son sens total du système de référence de celui qui parle», il s'ensuit que «les concordances (établies entre deux systèmes) risquent d'être des accommodations factices et des compromis ambigus».[3] Si je suis catholique, je perds mon temps à essayer de faire comprendre à un collègue de travail bouddhiste que ma croyance au purgatoire traduit mon sentiment que je pourrais mourir avant d'être parvenu à l'achèvement de mon être, et mon collègue bouddhiste perd son temps à tenter de me dire qu'il vit un sentiment analogue, lequel sentiment se traduit par sa croyance en la réincarnation.

Les présupposés qui sous-tendent le présent volume sont plutôt à l'inverse de ceux qui précèdent.

Premier présupposé: Les croyants et croyantes appartenant aux diverses traditions spirituelles sont plus semblables que différents, et les chemins qu'ils empruntent ont pour effet de les rapprocher les uns des autres plutôt que de les éloigner.

Je suis convaincu dans ce sens qu'il y a plus de similitudes entre Gandhi et Martin Luther King qu'entre Gandhi et l'Indien qui l'a assassiné et qu'entre Martin Luther King et l'Américain qui l'a tué.

Deuxième présupposé: Plus quelqu'un s'avance sérieusement à la rencontre de lui-même, à l'aide des ressources d'une tradition spirituelle, plus cette personne entre en communion avec le reste de l'humanité.

C'est dans ce sens que le psychologue Carl Rogers écrivait: «Plus nous allons profondément à l'intérieur de nous-mêmes en tant que particuliers et uniques, à la recherche de notre identité propre et individuelle, plus nous rencontrons l'espèce humaine dans son ensemble.»[4] Dans ce sens, si je sens le dialogue impossible entre autrui et moi, c'est peut-être qu'il y a en moi des obstacles que je n'ai pas encore reconnus et assumés.

Troisième présupposé: Avant d'être des systèmes doctrinaux, les religions sont des traditions spirituelles véhiculant des intuitions communes sur le mystère humain.

Par exemple: la vie est un pèlerinage où il faut s'impliquer; on n'avance pas seul mais ensemble; il y a une béatitude totale au-delà de l'histoire; tout individu est conditionné par son passé mais libre d'infléchir son avenir dans la direction de ses choix, fût-ce péniblement; toute personne est responsable de ses options, etc.

C'est ainsi que Claude Grou, un chrétien qui a approfondi la pensée hindoue lors d'un séjour d'une quinzaine d'années en Inde, écrit: «Il serait faux de voir la réincarnation comme un système ou même de dire qu'elle conduit inévitablement à un système. Même dans l'hindouisme, la réincarnation n'est pas liée à un système de pensée, tout au contraire on la retrouve dans pratiquement toutes les écoles de pensée. L'intuition même qui mène à l'idée de réincarnation ne peut se réduire à un système.»[5]

Il faut cependant se garder de durcir le face à face qui précède, et ceci pour trois raisons. D'abord, Bergeron semble avoir évolué vers une position plus ouverte, puisqu'il suggère maintenant de parler en termes de convergences et de divergences et non plus en termes de compatibilité et d'incompatibilité entre foi chrétienne et réincarnation.[6]

Ensuite, cet auteur se situe moins face aux grandes religions que face à des nouveaux groupes religieux qui sont souvent «missionnaires» et qui n'ont pas encore subi l'épreuve du temps, ce qui pourrait expliquer sa méfiance.

Enfin, les présupposés de Bergeron ne sont pas dans leur ensemble dénués de fondement. Il est vrai que beaucoup d'individus entretiennent des croyances religieuses dont les contours sont tellement tranchés que tout dialogue avec eux apparaît de fait impossible. Mais l'auteur attribue cette impossibilité de dialogue aux systèmes religieux comme tels, alors qu'il faut selon moi attribuer cette difficulté à la dynamique affective des croyants en présence.

Un bouddhiste et un chrétien peuvent aller beaucoup plus loin dans la reconnaissance mutuelle de leur vécu spirituel, toutes choses égales par ailleurs, que ne le peuvent deux sujets évoluant dans la tradition chrétienne mais dont l'un serait par exemple un charismatique convaincu et l'autre serait un chrétien socialement engagé. La preuve de cette affirmation est que plusieurs catholiques sérieusement engagés dans l'expérience spirituelle à l'intérieur de la tradition judéo-chrétienne se sentent passablement à l'aise dans les perspectives réincarnationnistes, alors que d'autres catholiques identifient ces mêmes perspectives comme étant foncièrement antichrétiennes.

L'EXEMPLE DES THÉRAPEUTES

Des chercheurs ont exploré le lien entre l'efficacité pratique des thérapeutes et leurs croyances théoriques, et sont arrivés aux conclusions suivantes :

a. Les thérapeutes de différentes écoles présentent des divergences théoriques indéniables, mais s'entendent passablement sur la conception fondamentale de la relation thérapeutique.

b. L'efficacité d'une démarche thérapeutique est reliée à l'*expérience* du thérapeute plutôt qu'à l'école théorique à laquelle il se rattache.

c. Il s'ensuit qu'il y a beaucoup de différence *théorique* entre des thérapeutes inexpérimentés (ou entre des thérapeutes menacés les uns par les autres!), et qu'il y a peu de différence *pratique* entre des thérapeutes expérimentés.

d. Il ressort de ceci que les différences théoriques, parfois très significatives sur papier ou dans un salon, perdent de leur pertinence à mesure que les thérapeutes se confrontent à la réalité.[7]

Les conclusions de ces recherches empiriques recoupent largement nos présupposés. Il se pourrait bien qu'il en aille pour les croyants comme il en va pour les thérapeutes:

Présupposé 1: Un thérapeute est d'abord un thérapeute, c'est-à-dire quelqu'un qui s'engage dans l'accompagnement libérateur d'autrui, et il demeure relativement accidentel que ce thérapeute soit freudien, émotivorationnel ou gestaltiste. Et pareillement pour le croyant: un croyant est d'abord un croyant, c'est-à-dire quelqu'un qui s'engage dans l'aventure humaine en y investissant le meilleur de lui-même, en réponse au mystère qu'il pressent plus ou moins confusément, et il demeure relativement accidentel que ce croyant soit luthérien, bouddhiste thibétain ou catholique de rite byzantin. Il y a des mystiques, des prophètes et des saints dans chaque tradition spirituelle.

Présupposé 2: Plus une thérapeute s'engage dans le mystère humain par le biais de sa pratique professionnelle, plus elle devient en mesure de communier au projet des autres thérapeutes, c'est-à-dire plus elle s'aperçoit qu'elle poursuit fondamentalement le même objectif qu'eux. Même chose pour les croyantes et croyants des différentes traditions spirituelles.

Présupposé 3: Avant d'être des édifices théoriques, les thérapies sont des écoles pratiques permettant à des humains de se mettre efficacement au service d'autrui. Pareillement, avant d'être des élaborations doctrinales, les religions sont des voies, des points de repère concrets pour un cheminement humain. La fonction première d'une religion (de toutes les religions) est de garder ses adeptes en marche vers la plénitude de leur humanité.[8]

La figure suivante illustre ce phénomène, au moyen d'une montagne vue en plongée dont les sentiers sur les différents flancs représenteraient les différentes traditions spirituelles, et dont le sommet, au centre, symboliserait le point de rencontre entre les mystiques, les prophètes et les saints de ces différentes traditions.

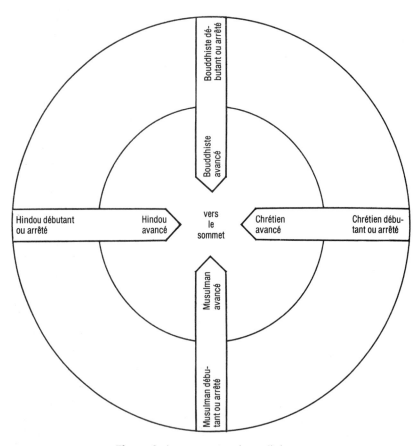

Figure 3: *La rencontre des religions.*

LA SECTE ET LA GNOSE

Dans le chapitre 15 de son volume, Richard Bergeron présente d'une façon très éclairante le fonctionnement et les croyances sectaires d'un côté, et le fonctionnement et les croyances gnostiques de l'autre (gnostique désignant l'individu qui a cheminé, qui a fait des prises de conscience, qui a compris un certain nombre de choses).

La secte peut représenter un groupe distinct gravitant autour d'un chef spirituel, et il en va de même des cercles gnostiques. Mais on peut aussi avoir affaire, non plus à des entités propres, mais à des tendances, des attitudes et des approches différentes à *l'intérieur* d'un même groupe religieux, par exemple à l'intérieur de l'Église catholique.

À ce moment-là, l'approche sectaire sera assimilable à la droite au plan politique, c'est-à-dire qu'elle se caractérisera par la prépondérance accordée à l'ordre sur le progrès, et le recours spontané à l'autorité et à la tradition. Inversement, l'approche gnostique se reconnaîtra à la prépondérance accordée au progrès sur l'ordre, et au recours spontané à la raison et à l'expérience. Dans l'Église d'ici, Bergeron situe du côté conservateur ou «sectarisant» le mouvement charismatique, les Cursillos, les groupes en-counter et les Parents catholiques, par exemple, alors que du côté «gnosticisant», il voit le mouvement PRH, les groupes d'intériorité et de méditation, ainsi que les groupes davantage politisés.

Bergeron conçoit ces deux attitudes spirituelles comme deux pôles symétriques, comme «deux tendances inhérentes à la nature même du christianisme», entre lesquelles celui-ci doit «rechercher un juste équilibre — toujours impossible — ...».[9] Si l'on va trop à droite, du côté de l'autorité, on risque d'évacuer l'expérience humaine au profit d'une révélation tombée du ciel, alors que si on va trop à gauche, du côté de la liberté et de l'expérience, on risque d'évacuer la dimension révélée de la foi.

LA PSYCHOLOGIE DU DÉVELOPPEMENT

En réfléchissant toutefois sur ce phénomène, et notamment dans une perspective psychologique, on s'aperçoit que ces deux pôles ne sont pas statiques mais qu'ils sont articulés l'un à l'autre dans une perspective de développement. On ne naît pas sectaire ou gnostique comme on naît droitier ou gaucher, mais on cesse d'être sectaire pour devenir gnostique, dans la mesure où on a la chance d'avancer dans sa croissance.

L'enfant vit d'abord l'expérience de la socialisation, lors de laquelle l'autorité parentale et scolaire vient aider le jeune à mettre de l'ordre dans ses tendances impulsives, et ce, en bonne partie à partir des normes traditionnellement véhiculées par l'environnement social. On retrouve donc dans ce processus déterminant de socialisation tous les ingrédients utilisés par Bergeron pour camper l'approche sectaire : autorité, ordre, normes, tradition.

Si ce processus de socialisation est vécu péniblement, et dans la mesure où il l'est, parce que l'enfant est trop impulsif ou que ses éducateurs sont trop autoritaires, celui-ci peut développer une structure de personnalité dogmatique, ce qui se traduira par une approche sectaire, aussi bien aux plans relilgieux que politique.[10]

Mais si ce processus s'effectue d'une façon relativement harmonieuse, la personne en croissance devient capable de s'ouvrir progressivement à son expérience propre, de critiquer son héritage religieux en en dépassant la mentalité magique ou autoritariste, et de se guider de plus en plus par ses propres intuitions et ses propres prises de conscience. C'est ainsi, par exemple, que l'*Épître aux Hébreux* campe les «parfaits», c'est-à-dire les croyants qui ne se sont pas arrêtés en chemin mais qui ont évolué dans leur foi : «Ceux qui, par l'habitude, ont le sens moral exercé au discernement du bien et du mal.» (Hébreux 5, 14).

On a affaire ici à des personnes qui se sont confrontées à leur expérience humaine, qui se sont habituées à prendre elles-mêmes leurs décisions, à discerner dans leur milieu et leur éducation, le bien du mal et le vrai du faux...

Or ce qui menace le plus les «sectaires», c'est justement cette épaisseur et cette ambiguïté du vécu humain, où le bien et le mal, le vrai et le faux, sont souvent si difficiles à démêler par soi-même, c'est-à-dire sans l'intervention de l'autorité et de la tradition... Bref, ce qui menace le plus les «sectaires», ce sont les «gnostiques».[11]

Ces phénomènes psychologiques nous permettent de comprendre les résistances viscérales d'un certain type de chrétiens aux croyances réincarnationnistes, lesquelles sont presque invariablement véhiculées par des chrétiens «gnostiques», qui se sont permis de critiquer certaines croyances héritées de leur éducation religieuse et de les reformuler en fonction de leur évolution religieuse. Ceci rejoint par ailleurs de nombreuses observations que nous avons faites tout au long du présent volume.

Le fait d'articuler dans une dynamique de croissance le réflexe sectaire et le réflexe gnostique rend donc problématique le modèle de l'équilibre mis de l'avant par Bergeron, car cela équivaudrait à affirmer qu'il faut garder un juste milieu entre ne pas grandir (et demeurer au pôle sectaire) et grandir (et évoluer vers le pôle gnostique). Mieux vaut opter nettement pour la croissance, quitte à devoir accepter que le centre de gravité de la foi se déplacera de l'institution à la liberté du croyant et de la croyante, à mesure que ceux-ci progresseront dans leur évolution spirituelle.

Le temps est maintenant venu de procéder à notre conclusion finale, ce que je ferai en sept étapes.

1. Au plan des *faits*, la réalité de la réincarnation demeure, pour l'instant du moins, tout aussi conjecturale que la réalité du purgatoire et de l'ensemble des représentations catholiques de l'au-delà.

2. Au plan des *hypothèses,* la réincarnation apparaît comme une façon intéressante de se représenter le purgatoire, l'organisation actuelle de la planète constituant un environnement qui se prête très bien à l'apprentissage et au réapprentissage de notre humanité.

3. Au plan des *sensibilités,* plus une personne est proche du pôle sectaire, plus elle a de chances de résister à cette hypothèse, alors que plus cette personne est proche du pôle gnostique, plus cette hypothèse aura de chances d'être prise au sérieux, ou du moins examinée à son mérite.

4. Au plan *théologique,* il appartient aux théologiennes et théologiens professionnels de mener plus loin l'exploration de la question.

5. Au plan *personnel,* il appartient à chacun et à chacune de se situer pour son propre compte, après avoir évalué la crédibilité des arguments théologiques, d'une part en eux-mêmes et d'autre part à la lumière du climat affectif qui leur est sous-jacent.

6. Au plan *ecclésial,* les chrétiennes et chrétiens ont toujours été invités à la plus grande sobriété dans leurs spéculations sur l'au-delà. Dans la mesure où la réincarnation est tenue pour l'équivalent du purgatoire, cet appel à la sobriété s'applique donc également à cette croyance.

7. Au plan *spirituel,* quelle que soit notre opinion sur la réincarnation, il est bon de nous rappeler que l'objectif de fond de la spiritualité consiste à «nous tirer toujours de l'avant, à agrandir de plus en plus notre horizon», et qu'il nous faut tous et chacun «reprendre *lentement* le chemin» parcouru par nos ancêtres dans la foi [12] (c'est moi qui souligne).

C'est pourquoi le mot de la fin appartient à l'apôtre Paul: «Quel que soit le point déjà atteint, marchons toujours dans la même ligne.» (*Phillipiens* 3, 16)... sans oublier que «quand je connaîtrais tous les mystères... si je n'ai pas l'amour, cela ne me sert de rien.» (*I Corinthiens* 13, 2-3).

Au terme de notre exploration, nous devrions être en mesure de comprendre davantage de l'intérieur les croyances centrales de l'hindouisme et du bouddhisme, et de nous situer d'une façon à la fois plus accueillante et plus nuancée face à ces croyances. Mais surtout, nous étant confrontés à notre propre tradition spirituelle et au soubassement affectif de nos propres croyances, nous devrions avoir une idée plus claire des défis reliés à notre croissance. Puisse-t-il de fait en être ainsi!

1. BERGERON, R., *Faites vos jeux! Réincarnation et résurrection,* Les carnets bibliques, Ottawa, Novalis, 1979, pp. 28-29.
2. BERGERON, R., *Le cortège des fous de Dieu,* Montréal, Éditions Paulines, 1982, p. 449.
3. BERGERON, *Le cortège...,* p. 341.
4. ROGERS, C., cité par MASLOW, A., Some Educational Implications of the Humanistic Psychologies, dans *Harvard Educational Review,* Vol. 38, no 4, 1968, p. 690.
5. GROU, C., Réincarnation et cycle des naissances dans un contexte hindou, dans *Nouveau Dialogue,* novembre 1980, no 37, p. 18.
6. BERGERON, R., Réincarnation et foi chrétienne, dans *Parabole*, Vol. VI, no 4, avril-mai 1984, p. 11.
7. Voir BRAMMER, L., SHOSTROM, E., *Therapeutic Psychology,* 2nd Edition, Englewood Cliffs, Prentice-Hall, 1968, p. 29.
8. Voir à ce sujet les travaux de W.C. SMITH, notamment *The Meaning and End of Religion,* New York, Mentor, 1964 (c. 1962); *The Faith of Other Men,* New York, Mentor, 1965 (c. 1962); *Faith and Belief,* Princeton, Princeton University Press, 1979.
9. BERGERON, *Le cortège...,* pp. 354-355.
10. Voir HÉTU, J.-L., *Psychologie de l'expérience intérieure,* Montréal, Méridien, 1983, pp. 66-68.
11. Voir HÉTU, J.-L., *Croissance humaine et Instinct spirituel,* Montréal, Leméac, 1980, pp. 20-22 et 28-29.
12. HENRY, A.-M., dans *Initiation théologique,* T. IV (en collaboration), Paris, Cerf, 1956, p. 843.

Liste des auteurs cités

ALLO, E.-B., Saint Paul, *Seconde Épître aux Corinthiens,* Paris, Gabalda, 1956.

ANDERSON, H., *The Gospel of Mark,* Grand Rapids, Michigan, Eerdmans, 1981 (c. 1976).

ATKINSON, W., *Reincarnation and the Law of Karma,* Chicago, Advanced Thought Publishing Co., 1908.

AUGUSTIN, *La cité de Dieu,* XXI, 26.

BASAK, R., The Hindu Concept of the Natural World, dans *The Religion of the Hindus Interpreted by Hindus,* K. MORGAN Ed., New York, The Ronald Press Co., 1953.

BARRETT, C., *The Gospel According to St. John,* London, S.P.C.K., 1965.

BARRETT, C., *A Commentary on the Second Epistle to the Corinthians,* London, Adam and Charles Black, 1973.

BASTIAN, R., Purgatory, dans *New Catholic Encyclopedia,* Vol. XI, 1967.

BAUDRAZ, F., *Les Épîtres aux Corinthiens, Commentaires,* Genève, Labor et Fides, 1965.

BENSON, B., dans *The Century Magazine,* mai 1894.

BERGERON, R., *Faites vos jeux! Réincarnation et résurrection,* Les carnets bibliques, Ottawa, Novalis, 1979.

BERGERON, R., *Le cortège des fous de Dieu,* Montréal, Éditions Paulines, 1982.

BERGERON, R. Réincarnation et foi chrétienne, dans *Parabole,* Vol. VI, no 4, avril-mai 1984.

BIBBY, R., cité par JUTHNER, P., La majorité des Canadiens ne savent pas ce qu'il adviendra après la mort, dans *La Presse,* 2 mai 1982, p. B.3.

BLANK, J., *The Gospel According to St. John,* New York, Crossroad, 1981.

BLAVATSKY, H., *The Key to Theosophy,* London, The Theosophical Publishing House, 1968.

BONHOEFFER, D., *Le prix de la grâce,* Neuchatel, Delachaux et Niestlé, 1967.

BRAMMER, L., SHOSTROM, E., *Therapeutic Psychology,* 2nd Edition, Englewood Cliffs, Prentice-Hall, 1968.
BULTMANN, R., *The Gospel of John, A Commentary,* Oxford, Basil Blackwell, 1971 (c. 1964).
CATHERINE DE GÊNES, *Traité du purgatoire,* Namur (Belgique), Les Éditions du Soleil Levant, 1962.
CHRISTIE-MURRAY, D., *Reincarnation: Ancient Beliefs and Modern Evidence,* London, David and Charles, 1981.
COLLANGE, J.-F., *Énigme de la 2ème Épître de Paul aux Corinthiens,* Cambridge, University Press, 1972.
CONGAR, Y., Le purgatoire, dans *Le mystère de la mort et sa célébration* (en collaboration), Paris, Cerf, 1956.
COUTURE, A., Cycle des renaissances et réincarnation, dans *Précis sur la réincarnation* (en collaboration), Sainte-Foy, Éditions Albert Saint-Yves, 1980.
DAHL, M., *The Resurrection of the Body,* London, SCM Press, 1962.
DECELLES, C., Reincarnation: A Maturation Process Like Purgatory?, dans *Sisters Today,* no 53, 1981.
DE SILVA, L., *Reincarnation in Buddhist and Christian Thought,* Colombo, Christian Literature Society of Ceylan, 1968.
ENCAUSSE, G., *La réincarnation,* Paris, Dangles, 1968.
ERIKSON, E., *Identity, Youth and Crisis,* New York, Norton, 1968.
GOZZELINO, G., Purgatoire, dans *Dictionnaire de théologie chrétienne,* Paris, Desclée, 1979.
GROU, C., Réincarnation et cycle des naissances dans un contexte hindou, dans *Nouveau Dialogue,* no 37, novembre 1980, pp. 17-18.
GROU, C., Réincarnation et pensée chrétienne, dans *Nouveau Dialogue,* no 42, novembre 1981, pp. 16-20.

GUILLAUME D'AUVERGNE, cité par J. LE GOFF.
HANSON, V., The other face of Karma, dans *Karma, The Universal Law of Harmony,* (HANSON, V. et STEWART, R., Ed.), Wheaton, Illinois, The Theosophical Publishing House, 1981.
HENRY., A.-M., Le retour du Christ, dans *Initiation théologique* (en collaboration), T. IV, deuxième édition, Paris, Cerf, 1956.
HÉTU, J.-L., *Croissance humaine et Instinct spirituel,* Montréal, Leméac, 1980.
HÉTU, J.-L., *Psychologie de l'expérience intérieure,* Montréal, Méridien, 1983.
HUGHES, P., *Paul's Second Epistle to the Corinthians,* Grand Rapids, Michigan, Eerdmans Publishing Co.
JAMES, W., *The Varieties of Religious Experience,* New York, Collier Books, 1976 (1ère édition en 1902).
JARRETT, B., Go We Must, dans *Life After Death — An Anthology,* EARL OF WICKLOW Ed., Dublin, Clonmore and Reynolds, 1959.

JEAN DE LA CROIX, *La nuit obscure et La vive flamme d'amour,* traduit par H. HOORNAERT, Montréal, Granger Frères, 1915.

JEANNE D'ARC, S., HENRY, A.-M., MENU, M., dans *Initiation théologique* (en collaboration), T. III, Paris, Cerf, 1955.

JOHNSON, S., *The Gospel According to St Mark,* London, Adam & Charles Black, 1977 (c. 1960).

JUGIE, M., article Purgatoire dans le *Dictionnaire de Théologie catholique,* Paris, Letouzey et Ané, 1936.

JUGIE, M., *Le purgatoire et les moyens de l'éviter,* Paris, Lethielleux, 1940.

KIPLING, R., dans une anthologie intitulée *Poems of Yesterday and Today,* Toronto, Macmillan, 1938.

KOHLBERG, L., Moral Stages and Moralization, The Cognitive Developmental Approach, dans *Moral Development and Behavior, Theory, Research and Social Issues,* THOMAS LICKONA Ed., Holt, Rinehart and Winston.

KUMMEL, W., *The Theology of the New Testament,* Nashville, Abingdon Press, 1970.

KUNG, H., *Être chrétien,* Paris, Seuil, 1978 (c. 1974).

KUNG, H., *Eternal Life? Life After Death as a Medical, Philosophical and Theological Problem,* New York, Doubleday and Company, 1984 (c. 1982).

LACOMBE, O., Le brahmanisme, dans l'*Encyclopédie française,* Tome XIX, Philosophie et religion, Paris, Larousse, 1957.

LACOMBE, O., ESNOUL. A.-M., La Baghavad-Gita, Paris, Seuil, 1976 (c. 1972).

LARCHER, C., *Études sur le Livre de la Sagesse,* Paris, Gabalda, 1969.

LAVELLE, L., *Traité des valeurs,* T. II, Paris, Presses Universitaires de France, 1951.

LE GOFF, J., *La naissance du purgatoire,* Gallimard, 1981.

LEE, P., *Reincarnation and the Christian Tradition,* dans The Modern Churchman, Vol. 23, no 2, 1980.

LINDBARS, B., *The Gospel of John,* New Century Bible, London, Oliphants, 1972.

LOWEN, A., *La bioénergie,* Montréal, Éditions du Jour, 1977 (C. 1970).

LUCAS, J., *Mystère au seuil du paradis,* Paris, Alsatia, 1939.

MACGREGOR, G., *Reincarnation in Christianity,* Wheaton, Illinois, The Theosophical Publishing House, 1978.

MACGREGOR, G., *Reincarnation as a Christian Hope,* Totowa, New Jersey, Barnes & Noble Books, 1982.

MARSH, J., *The Gospel of John,* Harmondsworth, Middlesex, England, 1968.

MASLOW, A., *Motivation and Personality,* Second Edition, New York, Harper and Row, 1970 (c. 1954).

MOINGT, J., La révélation du salut dans la mort du Christ, Esquisse d'une théologie systématique de la rédemption, dans *Mort pour nos péchés, Recherche pluridisciplinaire sur la significa-tion rédemptrice de la mort du Christ,* en collaboration, Bruxelles, Facultés universitaires St-Louis, 1979.

MOODY, R., *Life After Life,* Bantam Books, 1976 (c. 1975).

MONTEFIORE, H., *A commentary on the Epistle to the Hebrews,* London, Adam & Charles Black, 1964.

NEUENZEIT, P., article Expiation, dans l'*Encyclopédie de la foi,* T. II, Paris, Cerf, 1965.

NIEBUHR, R., *The Nature and Destiny of Man,* Vol. II, New York, Charles Scribner's Sons, 1964 (c. 1943).

NINEHAM, D., *The Gospel of St Mark,* Penguin Books, 1975 (c. 1963).

OMBRES, R., Images of Healing : the Making of the Traditions concerning Purgatory, dans *Eastern Churches Review,* Vol. VIII, no 2, 1976.

OMBRES, R., *Theology of Purgatory,* Dublin, The Mercier Press, 1978.

ORIGÈNE, cité par VON HUGEL, F., After-life problems and doctrines, dans *Life After Death — An Anthology,* EARL OF WICK-LOW Ed., Dublin, Clonmore and Reynolds, 1959.

O'ROURKE, J., The Second Letter to the Corinthians, dans *The Jerome Biblical Commentary,* Vol. II, Englewood Cliffs, New Jersey, Prentice-Hall, 1968.

PLUMMER, A., *A Critical and Exegetical Commentary on the Second Epistle of St. Paul to the Corinthians,* Edinburg, T. & S. Clark, 1960 (c. 1915).

PRIEUR, J., Point de vue chrétien sur la réincarnation, dans *Précis sur la réincarnation* (en collaboration), Sainte-Foy, Éditions Saint-Yves, 1980.

RAHNER, K., *Theological Investigations,* Vol. II, London, Darton, Long-man and Todd, 1963.

RAHNER, K., *Le chrétien et la mort,* Paris, Desclée, 1966 (c. 1963).

RAHNER, K., *Theological Investigations,* Vol. III, London, Darton, Long-man and Todd, 1967.

RAHNER, K., *Theological Investigations,* Vol. X, London, Darton, Long-man and Todd, 1973.

RAHNER, K., *Foundations of Christian Faith,* New York, Seabury Press, 1978.

ROBILLARD, E., *La réincarnation, rêve ou réalité ?,* Montréal, Éditions Paulines, 1981.

ROBILLARD, E., Gnose et réincarnation, dans *L'informateur catholique,* Vol. II, no 15, 2 juillet - 20 août 1983.

ROGERS, C., cité par MASLOW, A., Some Educational Implications of the Humanistic Psychologies, dans *Harvard Educational Review,* Vol. 38, no 4, 1968.

ROUSTANG, F., *Une initiation à la vie spirituelle,* Paris, Desclée de Brouwer, 1963.

SARMA, D., The Nature and History of Hinduism, dans *The Religion of the Hindus Interpreted by Hindus,* K. MORGAN Ed., New York, The Ronald Press Co., 1953.

SEIBEL, F., Purgatory: an interpretation, dans *Theological Digest,* 26: 1 (Spring 1978).

SERTILLANGES, A., *Les fins dernières,* Montréal, Éditions de l'Arbre, 1946.

SIWEK, P., *La réincarnation des esprits,* Rio de Janeiro, Desclée de Brouwer, 1942.

SMITH, H., *The Religions of Man,* New York, Harper and Row, 1965 (c. 1958).

SMITH, W. C., *The Meaning and End of Religion,* New York, Mentor, 1964 (c. 1962).

SMITH, W. C., *The Faith of Other Men,* Mentor, 1965 (c. 1962).

SMITH, W. C., *Faith and Belief,* Princeton, Princeton University Press, 1979.

SOLIGNAC, A., Mérite et vie spirituelle, dans le *Dictionnaire de Spiritualité,* T. X, Paris, Beauchesne, 1980.

STRACHAN, R., *The Second Epistle of Paul to the Corinthians,* London, Hodder and Stouchton, 1965 (c. 1935).

TASKER, R., *The Gospel According to St. John,* Grand Rapids, Michigan, Eerdmans, 1977 (c. 1960).

TASKER, R., *The Second Epistle of Paul to the Corinthians, An Introduction and Commentary,* Grand Rapids, Michigan, Eerdmans, 1978 (c. 1958).

TINSLEY, E., *The Gospel According to Luke,* London, Cambridge University Press, 1965.

WAMBACH, H., *La vie après la vie,* Paris, Ramsay «Image», 1979.

(En collaboration) *Catéchisme catholique,* Québec, Édition canadienne imprimée par L'Action catholique, 1960 (c. 1931).

Table des matières

Achevé d'imprimer
sur les presses des
Ateliers des Sourds Montréal (1978) inc.
le dix-sept septembre mil neuf cent quatre-vingt-quatre

13.95FL